지적 대화를 위한
이럴 때 이런 한자

지적 대화를 위한
이럴 때 이런 한자

김한수 지음

들어가는 말

　인간은 사회적 동물이기에 타인과의 소통 없이는 살아갈 수 없고, 그 소통의 핵심이 바로 대화입니다. 대화는 단순히 말을 주고받는 것을 넘어, 서로의 생각과 감정을 나누고 이해하며, 공감하는 과정입니다. 이런 대화에서는 자기의 생각과 감정을 명확하고 간결하게 표현하는 것은 중요합니다. 모호하거나 애매한 표현은 오해를 불러일으킬 수 있으므로, 구체적인 언어를 사용해야 자신의 의견을 명확하게 전달할 수 있습니다. 이럴 때 우리는 조금 더 대화의 품격을 높이고 자신이 알고 있는 지식과 경험으로 상황에 맞는 어휘를 다양하게 표현하고 싶은 욕구가 생기게 마련입니다. 그래서 상대에게 자신의 어휘력과 말의 신뢰도를 높이고 지적인 모습으로 보이고 싶어 합니다. 그러나 자신이 지식으로 배워 알고 있거나 경험에서 나오는 어휘나 문장이라 할지라도 어휘가 가지고 있는 뜻을 어느 때 사용해야 하는지, 어떤 상황에 표현되어야 하는지를 모른다면 그 어휘는 무용지물이 될 것입니다.
　대화를 잘하는 사람들의 특징은 자신의 감정을 다양한 어휘로 자유롭고 적절하게 활용하여 표현한다는 것입니다. 그만큼 대화를 잘하는 사람들은 많은 어휘를 습득하고 학습하여 실생활에서 능수능란하고 적절하게 자신의 감성을 표현할 수 있는 것입니다.

우리가 사용하는 많은 어휘는 한자어가 많습니다. 사실 우리가 일상생활에서 사용되는 어휘의 70% 이상이 한자어라고 합니다. 한자어가 우리말에 많은 비중을 차지하고 있었던 것은 우리 문화가 한자를 사용하여 글을 쓰고 소통했기 때문에, 그 과정에서 자연스럽게 한자어가 우리말에 영향을 미쳤고, 오늘날까지도 우리말의 중요한 구성 요소로 자리 잡게 되었습니다. 단순히 외래어라고 생각하기 쉬운 단어들도, 깊이 들여다보면 한자의 흔적을 발견할 수 있습니다. 한자어는 단순히 말을 채우는 단어가 아닌, 한자 하나하나의 고유한 의미와 음과 운이 있어서 다양한 어휘를 만들어 낼 수 있습니다. 각 한자의 어원과 뜻과 의미를 알게 된다면 우리말에 대한 이해와 함께 대화를 이끌어 가는 데도 중요한 역할을 할 것으로 생각합니다.

그래서 『지적 대화를 위한 이럴 때 이런 한자 1, 2, 3』에서는 지적인 대화를 위해 다양한 한자 성어를 주제별로 소개하고 한자 성어의 한자 하나하나 어원과 의미를 파악하여 전체적인 뜻을 이해하고 어떤 상황에 어떻게 표현해야 하는지, 활용하는 데 중점을 두고 집필하였습니다. 막연하게 한자 성어를 외우는 것이 아니라 다양한 표현 방법으로 빠르게 이해하고 학습할 수 있도록 하였습니다. 또한 한자에서 파생되는 비슷하거나 관련된 많은 한자 어휘를 소개하고 뜻과 함께 실생활에 활용할 수 있는 예문을 제시해 깊이 있는 대화를 이끌어 갈 수 있도록 하였습니다.

『이럴 때 이런 한자 2』는 이렇게 만들었습니다.

❶ 『이럴 때 이런 한자 2』에서는 인생, 희망, 기회, 계획, 의로움(의리), 겉과 속, 이익, 언행(말), 청렴, 배움, 정치 등 각 장의 주제와 관련된 한자 성어를 모아, 이럴 때 이런 한자 성어를 상황별로 어떻게 표현하는 가를 소개하였습니다.

❷ 각 장의 주제와 관련된 한자 성어의 겉 뜻풀이 순서와 함께, 속뜻을 명시하고, 한자 성어의 의미와 일상 대화에서 어떻게 사용하는지를 설명하고, 어휘의 적절한 표현 방법을 다양한 예문을 제시하여 실생활 대화에 적절하게 표현할 수 있도록 하였습니다.

❸ 한자 성어 각각의 한자가 가지고 있는 뜻과 형성과정을 쉽게 이해할 수 있도록 정리하였으며, 각 한자와 관련된 새로운 한자 어휘를 소개하고 뜻과 예문을 제시하여 어른들의 지적인 어휘력 향상에 도움이 될 수 있도록 하였습니다.

❹ 상황별 주제에 맞는 한자 성어나 전체적인 의미와 비슷한 한자 어휘를 키워드로 뽑아 더 많은 어휘를 습득하고 이해할 수 있도록 하여, 적절하게 표현할 수 있도록 하였습니다.

❺ 상황별 주제에 맞는 한자 성어를 다양한 예문을 통해 표현할 수 있도록 하였으며, 마지막에는 한자와 성어를 필사함으로써 깊이 있게 학습할 수 있도록 하였습니다.

차례

들어가는 말 4

첫째 마당 인생
인생은 당신이 만나는 사람들과의 관계에서 만들어진다. 13

- 14 사람이 죽고 사는 것은 하늘의 뜻에 있음을 표현할 때 **인명재천**
- 17 고생 끝에 행복이 찾아오는 법이라 표현할 때 **고진감래**
- 20 인간이란 광대한 우주 속의 미미한 존재일 뿐 **창해일속**
- 23 어느 것이 복이 되고 화가 될지 모르는 것이 인생이라! **새옹지마**
- 26 인생은 좋은 일과 나쁜 일, 불행과 행복이 공존하는 것이라 **길흉화복**
- 29 기쁨이 끝나면 슬픔이 오듯, 인생의 모든 감정은 순환한다 **흥진비래**
- 32 인생이란 만남이 있으면 헤어짐이 있기 마련이라 **회자정리**

둘째 마당 희망, 기회, 계획
꿈을 밀고 나가는 것은 이성이 아니라 희망이다. 35

- 36 힘들어도 미래를 향한, 한 걸음이 희망을 만든다 **전진지망**
- 39 좋은 기회는 다시 오지 않으니, 순간을 놓치지 말라 **물실호기**
- 42 좀처럼 만나기 어려운 기회가 찾아왔을 때 **천재일우**
- 45 앞으로의 성공이 기대되는 현재의 잠재력을 표현할 때 **전도유망**
- 48 꿈을 이루기 위한 장기적인 비전과 계획을 표현할 때 **백년대계**
- 51 어떤 일이든 한 치의 오차와 실수 없이 일을 진행하고자 할 때 **철두철미**
- 54 미래를 미리 예견하고 준비하는 능력이나 지혜를 표현할 때 **선견지명**

셋째 마당 의리, 의로움

의리는 함께하는 모든 순간에 대한 신뢰의 다짐이며,
의로움은 그 신뢰를 끝까지 지켜내는 실천이다. 57

58 이익을 추구할 때는 도덕적 가치와 부합하는지 반드시 생각하라 견리사의
61 지도자와 구성원들 사이에 신뢰와 의리가 있어야 함을 표현할 때 군신유의
64 자신을 희생하여 의로움을 실천할 때 살신성인
67 목적을 위루기 위해 서로 협력을 맹세하고 의리를 다짐할 때 도원결의
70 어려움이나 위험 속에서도 의로움을 지키고자 하는 강한 의지 사생취의
73 행동이나 결정을 의미 부여하여 정당화하는 강력한 신념 대의명분

넷째 마당 겉과 속

물길 속은 알아도 사람 속은 모른다. 77

78 겉으로는 그럴듯하게 보이지만, 실속은 가치가 없음을 표현할 때 유명무실
81 겉으로 드러나는 모습과 내면이 일치하지 않는 상태를 표현할 때 표리부동
84 겉과 속이 달라 말과 행동이 일치하지 않는 상황을 표현할 때 양두구육
87 같은 상황에서도 생각과 목표가 달라 협력하기 어려운 상황일 때 동상이몽
90 겉으로는 변화를 주면서도 실질적으로는 차이가 없는 상황일 때 조삼모사
93 겉으로는 달콤하게 말하고 속으로는 칼을 품은 사람을 표현할 때 구밀복검
96 겉으로는 복종하면서, 속으로는 배신하는 행동을 표현할 때 면종복배
99 필요할 때는 쓰고 필요 없을 때는 버리는 행위를 표현할 때 토사구팽
102 겉으로는 강한 척하지만, 속은 순하고 겁이 많은 모습을 표현할 때 양질호피
105 웃으며 친절하게 말하지만, 속으로는 해칠 마음을 품고 있을 때 소리장도

다섯째 마당 이익

눈앞의 이익에 눈이 멀어 해로움을 보지 못한다. 　109

- 110　한 가지의 일로 두 가지의 이득을 볼 때　**일거양득**
- 113　좋은 일이 생겼는데 더 좋은 일이 더해져 즐거움을 표현할 때　**금상첨화**
- 116　이익을 놓고 다투다가 엉뚱하게 다른 사람이 이익을 볼 때　**어부지리**
- 119　이익을 적게 보고 많이 팔아 이윤을 얻으려는 판매 전략　**박리다매**
- 122　해롭기만 하고 이득이 될 것이 하나도 없을 때　**백해무익**

여섯째 마당 언행(말)

말도 아름다운 꽃처럼 그 색깔과 향기를 지니고 있다.　125

- 126　농담이나 장난삼아 한 일이 진실이 되어 버렸을 때　**가롱성진**
- 129　말이 일관되지 않으며 논리적이지 않을 때　**어불성설**
- 132　질문과 전혀 상관없는 엉뚱한 답변만 늘어놓을 때　**동문서답**
- 135　듣도 보도 못한 새로운 소식이나 이야기를 접했을 때　**금시초문**
- 138　남의 말을 귀담아듣지 않고 그냥 흘려버릴 때　**마이동풍**
- 141　입은 있으나 변명할 말이 없음을 뜻할 때　**유구무언**
- 144　옳고 그름을 따지느라 말로 옥신각신할 때　**설왕설래**
- 147　너무 황당하거나 어처구니없어서 말로 표현할 수 없을 때　**언어도단**
- 150　다수의 사람이 한목소리로 같은 의견을 표현할 때　**이구동성**
- 153　어떤 상황에서 당연히 보여야 할 반응이나 입장표명이 없을 때　**일언반구**
- 156　사람을 속이기 위해 듣기 좋은 말로 유혹할 때　**감언이설**

159	호감을 얻기 위해 교묘한 말과 얼굴로 아첨하는 태도를 표현할 때 **교언영색**
162	아름다운 말과 고운 글귀를 표현할 때 **미사여구**
165	사람이 미숙하여 말이나 행동이 유치하다고 말할 때 **구상유취**
168	아무 근거나 터무니없는 소문을 말할 때 **유언비어**
171	말이나 행동을 간결하게 하여 요점을 직접적으로 표현할 때 **단도직입**
174	충고나 조언이 듣기 불편하고 마음에 들지 않을 때 **충언역이**
177	쇠도 녹일 만큼 여러 사람의 입을 통해 전해지는 말의 힘 **중구삭금**

일곱째 마당 **청렴**

우리의 마음속에 있는 청렴보다 더 신성한 것은 없다.　　　　181

182	물질적 가치보다는 도덕적 삶과 만족스러운 삶을 살고자 할 때 **청빈낙도**
185	마음에는 탐욕이 없고 행동에는 허물이 없음을 표현할 때 **청렴결백**
188	직책을 이용해 부정한 이득을 취하는 경우를 표현할 때 **탐관오리**
191	맑은 물처럼 깨끗하고 평온한 마음으로 살아가고자 할 때 **명경지수**
194	지도자의 진정한 통치력은 권력을 잡은 손의 청렴함에 있다 **남비징청**
197	구름처럼 너그럽고, 달처럼 고상한 마음이 진정한 품격을 만든다 **운심월성**

여덟째 마당 **배움**(지식)

배움은 지혜의 씨앗을 심고, 그 씨앗이 자라나게 하는 과정이다.　201

202	하나를 알면 열 가지를 아는 총명함을 표현할 때 **문일지십**
205	사물의 이치를 깨닫고 지혜를 얻는 것이 진정한 지식의 길이다 **격물치지**
208	가르침과 배움이 함께 성장할 때, 진정한 지식의 깊이가 더해진다 **교학상장**

211 모르는 것을 부끄러워하지 않고 묻는 것은 진정한 배움의 시작이다 불치하문
214 과거의 지식을 통해 현재를 이해하고, 새로운 진리를 발견하다 온고지신
217 타인의 실수와 경험에서 교훈을 얻는 것이 지혜의 길이다 타산지석
220 나의 발전을 위해 학문이나 인격을 갈고, 닦아야 할 때 절차탁마
223 어려운 환경 속에서도 배우고자 하는 마음이 변치 말아야 할 때 형설지공
226 상대방의 지적 수준이나 능력이 매우 향상되었음을 표현할 때 괄목상대
229 낮에는 땀 흘리고, 밤에는 지식을 쌓아라. 노력과 학습이 성공을 만든다 주경야독
232 배움을 중도에 포기하고 싶은 유혹에 빠져들 때 단기지계
235 배운 것을 실천하고 꾸준히 익히는 것이 진정한 지식의 완성이다 학이시습

아홉째 마당 정치
정치란 우리가 추구하는 이상을 현실로 만드는 과정이다. 239

240 불공정한 세금은 국민의 고통을 키우고 사회의 불안정을 초래한다 가렴주구
243 타인의 힘으로 자신을 과시하는 자는 결국 그 허상이 드러날 것이다 호가호위
246 권력을 이용한 왜곡된 진실은 결국 드러나기 마련이다 지록위마
249 혼란한 정치로 인해 더욱 어려워진 국민의 삶을 표현할 때 도탄지고
252 언론의 자유와 표현의 자유를 억압하는 정치를 표현할 때 분서갱유
255 지도자는 하늘의 가치를 존중하고 백성을 위해 성실히 일해야 한다 경천근민

첫째 마당

인생

인생은
당신이 만나는 사람들과의 관계에서
만들어진다.

·

인생은 당신이 마주한 영혼들과
얽혀 빚어지는 한 폭의 예술 작품과 같습니다.
서로의 마음이 닿고 스쳐 가는 순간들이 모여
당신의 삶이라는 고유한 이야기를 아름답게 채워가기 때문입니다.

사람이 죽고 사는 것은
하늘의 뜻에 있음을 표현할 때

人命在天

인명재천

인명재천(人命在天)이라는 말은 사람의 목숨은 하늘에 달려 있다는 뜻으로, 사람의 생명과 운명이 인간의 힘으로는 통제할 수 없는 하늘의 뜻에 달려 있음을 표현할 때 사용되는 성어입니다. 즉, 우리가 아무리 노력해도 어떤 일들은 우리의 통제 밖에 있을 수 있으며, 이를 받아들이는 마음가짐이 필요하다는 의미입니다. 인간의 생명은 마치 바람에 흔들리는 작은 잎사귀와도 같습니다. 그 잎사귀는 자신이 어디로 떨어질지 언제 떨어질지 알 수 없듯이, 사람의 목숨 또한 하늘의 뜻에 따라 예측할 수 없는 길을 걷습니다. 우리가 할 수 있는 것은 그저 이 순간을 충실히 살아가며, 삶의 불확실성에서도 최선을 다하고 겸손하게 살아가야 함을 잊지 말아야 합니다.

〖　　　한자를 알면 뜻이 보인다　　　〗

人命在天 : 사람[人]의 목숨[命]은 하늘[天]에 있다[在]
　　　　　사람 목숨의 길고 짧음은 하늘에 달려 있다.

한자 속 어휘의 발견

人 : 사람 인, 2획 — 부수: 人

갑골문의 人은 팔을 내리고 있는 사람을 그린 것으로, '사람'이나 '인간'이라는 뜻을 가졌다.

> 타인(他人) : 다를 타(他)와 사람 인(人)으로, 자기 이외의 다른 사람.
> (예문) 사랑한다는 것은 타인을 이해한다는 것이다.

命 : 목숨 명, 8획 — 부수: 口

삼합 집(亼)과 입 구(口), 병부 절(卩)이 합하여 이루어진 모습으로, 왕이 명령을 입으로 한다는 것에서 '목숨'이나 '명령'이라는 뜻을 가진 글자가 되었다.

> 숙명(宿命) : 묵을 숙(宿)과 목숨 명(命)으로, 날 때부터 정해진 운명.
> (예문) 그는 자신에게 주어진 고통을 숙명으로 여겼다.

在 : 있을 재, 6획 — 부수: 土

흙 토(土)와 재주 재(才)가 합하여 이루어진 모습으로, '있다', '존재하다'라는 뜻을 가진 글자이다. 才는 본래 식물의 뿌리 모양이기 때문에 '흙에 뿌리가 있다'는 의미에서 '존재(存在)'의 의미인 '있다'는 뜻이 생성 되었다.

> 재임(在任) : 있을 재(在)와 맡길 임(任)으로, 어떤 직책의 임무를 수행하거나 근무함.
> (예문) 우리나라 대통령의 재임 기간은 5년이다.

天 : 하늘 천, 4획 — 부수: 大

큰 대(大)와 한 일(一)이 합해진 모습이다. 갑골문자를 보면 大자 위로 동그란 모양이 그려져 있는데 사람의 머리 위에 하늘이 있다는 뜻을 표현한 것으로 '하늘'이나 '하느님', '천자'라는 뜻을 가진 글자이다.

> 천성(天性) : 하늘 천(天)과 성품 성(性)으로, 사람이나 사물이 본래부터 가지고 있는 품성.
> (예문) 그녀는 천성이 착해서 좀처럼 화내거나 불평하는 일이 없다.

〚   키워드로 보는 사자성어, #목숨   〛

절체절명(絕體絕命) : 몸도 목숨도 다 된 것이라는 뜻으로 몹시 절박한 지경.
(예문) 지금 우리는 죽느냐 사느냐 하는 절체절명의 위기에 놓여 있다.

재생지덕(再生之德) : 죽게 된 목숨을 다시 살려 준 덕.
(예문) 굶어 죽게 된 우리에게 재생지덕을 베푸셨으니 그 공덕이 참으로 크옵니다.

사생취의(捨生取義) : 목숨을 버리고 의로움을 따른다는 뜻.
(예문) 그는 인간이라면 마땅히 사생취의해야 한다며 독립운동에 앞장섰다.

〚   인명재천, 이럴 때 이렇게   〛

1. 사고 현장에서 기적적으로 살아남은 사람을 보며 모두가 인명재천이라며 놀라워했다.

2. 의사는 최선을 다했지만, 환자는 결국 회복하지 못하였다. 가족들은 인명재천이라고 위로하며 슬픔을 나눴다.

3. 산속에서 길을 잃고 헤맸지만, 결국 구조되어 인명재천이라며 모두가 안도의 한숨을 쉬었다.

4. 천재적인 음악가가 뇌졸중으로 일찍 세상을 떠나자, 세상은 인명재천의 원칙을 한 번 더 깨닫게 되었다.

5. 인명재천이니 수술 경과를 두고 보도록 하세.

고생 끝에
행복이 찾아오는 법이라 표현할 때

苦盡甘來

고진감래

　고진감래(苦盡甘來)는 쓴 것이 다하면 단 것이 온다는 뜻으로, 고생 끝에 즐거움이 찾아온다는 의미를 가진 성어입니다. 아무리 힘들고 어려운 일이라도 포기하지 않고 노력한다면 결국에는 좋은 결과를 얻을 수 있다는 희망을 표현할 때 사용하는 말입니다. 즉, 어려움과 고통을 겪고 난 뒤에는 반드시 기쁨과 행복이 찾아온다는 의미입니다. 마치 길고 험난한 겨울이 지나면 따스한 봄날이 찾아오는 것처럼, 인생의 고통과 고난이 끝나면 달콤한 행복과 기쁨이 찾아온다는 희망의 메시지입니다. 인생의 어두운 밤이 지나고 나면 찬란한 새벽이 밝아오듯 모든 어려움 뒤에는 반드시 행복한 결실이 기다리고 있음을 우리는 잊지 말아야 합니다.

〚　　　**한자를 알면 뜻이 보인다**　　　〛

苦盡甘來 : 쓴[苦] 것이 다하면[盡] 단[甘] 것이 옴[來]
고생 끝에 즐거운 일이 생김.

한자 속 어휘의 발견

苦 : 쓸 고, 8획 ──────────────────────── 부수: ⾋

풀 초(⾋)와 옛 고(古)가 합하여 이루어진 모습으로, 약초의 쓴맛을 의미하는 '쓰다'의 뜻을 가진 글자이다. 후에는 '괴롭다'라는 의미까지 파생되었다.

> 노고(勞苦) : 위로할 로(勞)와 쓸 고(苦)로, 일을 이루기 위해 수고스럽게 힘들이고 애씀.
> (예문) 이번 경기를 승리로 이끈 선수들의 노고를 보상하고자 격려금을 지급하였다.

盡 : 다할 진, 14획 ──────────────────── 부수: 皿

그릇 명(皿)과 붓 율(聿)이 합하여 이루어진 모습이다. 손에 솔 같은 것을 잡고 그릇을 닦는 모습에서 '다하다'나 '완수하다'라는 뜻을 가진 글자가 되었다.

> 탕진(蕩盡) : 쓸어 없앨 탕(蕩)과 다할 진(盡)으로, 재물 따위를 다 써서 없앰.
> (예문) 자원의 탕진은 우리의 후손에게 재앙이 될지도 모른다.

甘 : 달 감, 5획 ──────────────────── 부수: 甘

'달다'나 '맛좋다', '만족하다'라는 뜻을 가진 글자로, 입 구(口)에 한 일(一)을 하나 그어 입안에 음식이 들어가 있음을 표현한 지사문자(指事文字)이다.

> 감우(甘雨) : 달 감(甘)과 비 우(雨)로, 때를 잘 맞추어 알맞게 내리는 비.
> (예문) 가뭄에 비를 구경하지 못했기에 지난밤부터 내리기 시작한 비는 글자 그대로 감우였다.

來 : 올 래, 8획 ──────────────────── 부수: 人

쫓을 종(从)과 나무 목(木)이 합하여 이루어진 모습으로, '오다'나 '돌아오다', '앞으로'라는 뜻을 가진 글자이다. 본래 '보리' 이삭의 모양을 본뜬 글자인데, 후에 모양을 빌려 '오다'는 의미까지 생성되었다.

> 전래(傳來) : 전할 전(傳)과 올 래(來)로, 예로부터 전해 내려옴.
> (예문) 강강술래는 서로 손을 잡고 둥글게 원을 그리며 뛰노는 민족의 전래 놀이이다.

〖　　키워드로 보는 사자성어, #달 감(甘)　　〗

식불감미(食不甘味) : 근심이 있어 음식을 먹어도 맛이 없음.
〔예문〕 회사의 어려움으로 인해 저녁을 먹어도 식불감미일 뿐이다.

감언이설(甘言利說) : 남의 비위에 맞도록 꾸민 달콤한 말.
〔예문〕 그는 온갖 협박과 감언이설에도 절대 넘어가지 않았다.

감정선갈(甘井先竭) : 물맛이 좋은 우물은 길어 가는 이가 많아 빨리 마른다는 뜻.
〔예문〕 그토록 총명했던 영훈이의 초라한 말로를 보니 감정선갈이라는 말이 떠오른다.

〖　　고진감래, 이럴 때 이렇게　　〗

1. 나는 힘든 일이 닥칠 때마다 고진감래라는 말을 생각하며 어려움을 참아냈다.

2. 그녀는 시험 기간 동안 고생한 끝에 드디어 좋은 결과를 얻었다. 정말 고진감래였다.

3. 노력은 배신하지 않는다는 말처럼, 고진감래로 인해 승무원 시험에 합격할 수 있었다.

4. 새로운 프로젝트를 시작할 때마다 힘들기도 했지만, 항상 고진감래로 팀원들과 함께 좋은 성과를 거뒀다.

5. 실업 생활이 길어지자, 점점 지치기 시작했지만, 결국 고진감래로 좋은 직장을 찾을 수 있었다.

인간이란
광대한 우주 속의 미미한 존재일 뿐

滄海一粟

창해일속

　창해일속(滄海一粟)은 넓은 바다에 한 알의 좁쌀이라는 뜻으로, 세상에서 매우 작고 보잘것없는 존재를 의미하는 성어입니다. 큰 바다에 작은 좁쌀 한 알이 떠 있는 것처럼, 아주 작고 미미한 존재나 사물을 비유할 때 표현하는 말입니다. 바다처럼 거대한 것에 비해, 좁쌀 한 알은 너무나 작고 보잘것없기에 개인의 존재나 노력은 우주의 관점에서 볼 때 매우 작고 하찮은 것임을 비유적으로 표현한 것입니다. 창해일속은 아무리 중요한 역할을 하거나 커다란 성취를 이루더라도 우주나 사회 속에서 보면 우리의 존재는 작고 미미할 수 있다는 사실을 잊지 말아야 함을 일깨워주고 있습니다. 또한 자기 자신을 과대평가하지 않고, 항상 겸손과 자각하는 마음으로 다른 사람을 존중하며 협력하는 자세가 중요하다는 의미도 포함하고 있습니다.

〚　**한자를 알면 뜻이 보인다**　〛

滄海一粟 : 큰 바다에[滄][海] 던져진 한[一] 알의 좁쌀[粟].
지극히 작거나 보잘것없는 존재를 의미함.

한자 속 어휘의 발견

滄 : 큰 바다 창, 13획 — 부수: 氵

삼수 변(氵)과 곳집 창(倉)이 합하여 이루어진 모습으로, 푸를 창(蒼)과 통하여 '푸르다', '푸른 바다'의 뜻을 가지게 되었다.

> 창파(滄波) : 큰 바다 창(滄)과 물결 파(波)로, 넓은 바다의 푸른 물결.
> (예문) 우리가 탄 배는 창파를 가르며 시원하게 앞으로 나아갔다.

海 : 바다 해, 10획 — 부수: 氵

물 수(水)와 매양 매(每)가 합하여 이루어진 모습으로, 큰물을 의미하여 '바다'나 '바닷물', '크다', '널리'라는 뜻을 가진 글자이다.

> 해역(海域) : 바다 해(海)와 지경 역(域)으로, 바다를 일정한 기준에 따라 나눈 구역.
> (예문) 사고가 나자 해경 소속 경비정 두 척이 사고 부근 해역으로 출동했다.

一 : 한 일, 1획 — 부수: 一

막대기를 옆으로 눕혀놓은 모습을 그린 것으로, '하나'나 '첫째', '오로지'라는 뜻을 가진 글자다.

> 일괄(一括) : 하나 일(一)과 묶을 괄(括)로, 낱낱의 것들을 하나로 묶음.
> (예문) 서점에 배포된 책 중에 파본은 본사에서 일괄 교환해 드립니다.

粟 : 조 속, 12획 — 부수: 米

쌀 미(米)와 덮을 아(襾)가 합하여 이루어진 모습으로, 오곡 중의 하나인 '조'를 뜻하는 글자이다.

> 서속(黍粟) : 기장 서(黍)와 조 속(粟)으로, 기장과 조. 또는 잡곡의 방언.
> (예문) 가을에 논의 신곡이 날 때까지 보태어 먹을 것으로, 서속도 심고, 감자 등을 심었다.

〚　　키워드로 보는 사자성어, #바다(海)　　〛

망망대해(茫茫大海) : 한없이 넓고 큰 바다.
[예문] 우리가 탄 배는 화물을 가득 싣고 망망대해로 나아갔다.

상전벽해(桑田碧海) : 뽕나무밭이 변하여 푸른 바다가 된다.
[예문] 어린 시절 뛰놀던 고향은 상전벽해라는 비유가 어울릴 만큼 큰 변화가 있었다.

절해고도(絶海孤島) : 육지에서 아주 멀리 떨어진 바다에 위치한 외딴섬.
[예문] 인간의 자취를 찾을 수 없는 절해고도에 가서 쉬고 싶다.

〚　　창해일속, 이럴 때 이렇게　　〛

1. 이 거대한 우주에서 인간의 존재는 창해일속처럼 미미하다.

2. 사람은 한 개의 존재이므로 그것을 우주 만유에 겨누어 보면 창해일속이 아닌가?

3. 이 지식의 바다에서 내가 아는 것은 창해일속에 불과하다.

4. 인생에서 겪은 경험 중, 지금 겪고 있는 어려움은 창해일속처럼 사소한 일이었다.

5. 많은 사람 속에서 나는 창해일속 같은 존재이지만, 나만의 가치를 찾기 위해 노력할 것이다.

어느 것이 복이 되고 화가 될지
모르는 것이 인생이라!

塞翁之馬

새옹지마

　새옹지마(塞翁之馬)는 변방에 사는 늙은이의 말이라는 뜻으로, 모든 것은 변화가 많아서 인생의 길흉화복을 예측할 수 없다는 의미로 표현되는 성어입니다. 즉, 인생의 변화무쌍함과 예측 불가능함을 인식하라는 것입니다. 새옹지마는 좋고 나쁜 일은 끊임없이 순환하며 일어나기 때문에, 현재 상황에 대해 너무 기뻐하거나 슬퍼하지 말고, 모든 일을 담담하게 받아들이는 자세가 중요하다는 것을 가르치고 있는 말입니다. 또한 삶에서 일어나는 모든 일은 단순한 순간의 결과로만 보아서는 안 되고, 그 뒤에 어떤 변화가 찾아올지 모르니, 현재의 상황에 일희일비하지 않고 항상 대비하고 긍정적인 마음과 유연한 태도를 유지하는 지혜를 가르치고 있습니다.

〚　　**한자를 알면 뜻이 보인다**　　〛

塞翁之馬 : 변방[塞]에 사는 노인[翁]의[之] 말[馬].
인생의 길흉화복(吉凶禍福)은 늘 바뀌어 변화가 많음.

한자 속 어휘의 발견

塞 : 변방 새, 13획 ─────────────────────── 부수: 土

寒(틈 하), 土(흙 토)가 합하여 이루어진 모습으로 '변방'이나 '요새', '보루'라는 뜻을 가진 글자이다. 집처럼 생긴 상자 안에 죽간(竹簡 : 문자를 기록하던 대나무 조각)을 넣고 있는 모습이 그려져 있다.

> 적새(賊塞) : 도둑 적(賊)과 변방 새(塞)로, 도적이나 적군의 성과 요새.
> [예문] 관군은 민란을 진압하기 위해서 적새를 습격하였다.

翁 : 늙은이 옹, 10획 ─────────────────────── 부수: 羽

公(공평할 공)과 羽(깃 우)가 합하여 이루어진 모습으로, 새의 목에 난 깃털의 의미인데, 장식을 한 높은 아버지나 노인의 존칭으로 '늙은이'나 '어르신'이라는 뜻을 가진 글자가 되었다.

> 취옹(醉翁) : 취할 취(醉)와 늙은이 옹(翁)으로, 술에 취한 남자 또는 노인.
> [예문] 민경이는 취옹을 부축해서 댁까지 모셔다 드렸다.

之 : 갈 지, 4획 ─────────────────────── 부수: 丿

갑골문자를 보면 발을 뜻하는 발 지(止)가 그려져 있는데, 사람의 발을 그린 것으로 '가다'나 '~의', '~에'와 같은 뜻으로 쓰이는 글자이다.

> 감지덕지(感之德之) : 과분한 듯하여 아주 고맙게 여김.
> [예문] 갈 곳 없는 처지에 눈비만 피할 수 있으면 감지덕지가 아닌가?

馬 : 말 마, 10획 ─────────────────────── 부수: 馬

'말'의 모양을 본뜬 모습으로, 갑골문을 보면 말의 특징을 표현하기 위해 큰 눈과 갈기가 함께 그려져 있다.

> 마부(馬夫) : 말 마(馬), 지아비 부(夫)로, 말을 부려 마차나 수레 따위를 모는 사람.
> [예문] 마부는 관광객을 태운 마차를 능숙하게 몰고 갔다.

〖　　키워드로 보는 사자성어, #화(禍), 복(福)　　〗

전화위복(轉禍爲福) : 화가 바뀌어 오히려 복이 된다는 뜻.
(예문) 그는 현재의 어려움을 전화위복의 계기로 삼았다.

복선화음(福善禍淫) : 착한 사람에게는 복이 오고 악한 사람에게는 재앙이 옴.
(예문) '흥부와 놀부'는 사람이 복선화음하는 이야기의 전형적인 구조를 잘 보여준다.

멸문지화(滅門之禍) : 한집안이 다 죽임을 당하는 끔찍한 재앙.
(예문) 역적으로 몰리기만 하면 그 가문은 멸문지화를 당한다.

〖　　새옹지마, 이럴 때 이렇게　　〗

1. 인간만사 새옹지마라더니 일이 이렇게 풀리는구나.

2. 경제 위기가 닥쳤지만, 새옹지마라는 생각으로 기회를 잡아 투자에 성공했다.

3. 새옹지마라고 다 볕 들 날도 오겠지.

4. 합격하지 못한 대학이 원래 꿈이었지만, 새옹지마로 다른 학과에 입학하니 더 좋은 친구들과 경험을 얻게 되었다.

5. 사업에 실패했다고 너무 낙담하지 마세요. 새옹지마라는 말도 있잖아요.

인생은 좋은 일과 나쁜 일,
불행과 행복이 공존하는 것이라

吉凶禍福

길흉화복

    길흉화복(吉凶禍福)은 좋은 일과 나쁜 일, 불행과 행운을 포함하는 뜻으로, 삶이란 길한 일과 흉한 일, 화와 복이 함께 공존하며, 예측할 수 없이 변화무쌍하다는 의미로 표현할 때 사용되는 말입니다. 우리의 삶에는 좋은 일과 나쁜 일, 행복과 불행이 함께 어우러져 있습니다. 길한 일과 흉한 일이 교차하고, 복이 화로 변하기도 하며, 화 속에 숨겨진 복을 발견하기도 합니다. 길흉화복의 좋은 일이 있을 때 자만하지 않고, 나쁜 일이 있을 때 절망하지 않는 겸허한 태도가 중요함을 가르치고 있는 말입니다. 이러한 변화무쌍한 인생 여정 속에서 예측할 수 없는 운명의 흐름에 몸을 맡기고 현재에 일어나는 현상에 너무 집착하거나 좌절하지 말고 평정심을 유지하며 균형 잡힌 삶을 살아가야 함을 잊지 말아야 합니다.

〚　　한자를 알면 뜻이 보인다　　〛

吉凶禍福 : 좋은 일[吉]과 나쁜 일[凶], 행복한 일[福], 불행한 일[禍]
　　　　　좋은 일과 나쁜 일, 행복한 일과 불행한 일을 아우르는 말.

한자 속 어휘의 발견

吉 : 길할 길, 6획 ──────────────────────── 부수: 口

선비 사(士)와 입 구(口)가 합하여 이루어진 모습으로, 성스러운 신의 이름을 올린다는 의미에서 '길하다'나 '상서롭다'라는 뜻을 가진 글자이다.

> 길상(吉祥) : 길할 길(吉)과 상서로울 상(祥)으로, 좋은 일이 일어날 조짐.
> (예문) 올해 운수는 길상이 보이니 좋은 일 맞이할 준비나 하시지요.

凶 : 흉할 흉, 4획 ──────────────────────── 부수: 凵

입 벌릴 감(凵)과 다섯 오(㐅)가 합하여 이루어진 모습으로, '흉하다'나 '흉악하다', '운수가 나쁘다'라는 뜻을 가진 글자이다.

> 흉보(凶報) : 흉할 흉(凶)와 알릴 보(報)로, 불길한 소식.
> (예문) 어머니는 전쟁터에 나간 아들에 대한 흉보를 접하고 쓰러졌다.

禍 : 재앙 화, 14획 ──────────────────────── 부수: 示

보일 시(示)와 화할 화(咼)가 합쳐진 모습으로 '재앙'이나 '화를 입다'라는 뜻을 가진 글자이다. 示는 초인간적인 하늘의 상징적 표현이고, 咼는 '骨(뼈 골)'의 변형으로 잔해만 남았다는 의미에서 '재앙'의 뜻으로 생성되었다.

> 약화(藥禍) : 약 약(藥)과 재앙 화(禍)로, 약물을 잘못 써서 생기는 사고.
> (예문) 약화가 생기는 가장 흔한 원인은 의사의 잘못된 처방과 약사의 조제 실수이다.

福 : 복 복, 13획 ──────────────────────── 부수: 示

보일 시(示)와 가득할 복(畐)이 합하여 이루어진 모습으로, 신에게 술단지 같은 제물을 바치는 모양에서 '복'이나 '행복'이라는 뜻을 가진 글자가 되었다.

> 인복(人福) : 사람 인(人)과 복 복(福)으로, 다른 사람들에게 도움을 많이 받은 복
> (예문) 은진이는 여러 사람에게 도움을 받고 성공한 것을 보면 인복이 타고난 것 같다.

〖　　키워드로 보는 사자성어, #길(吉), 흉(凶)　〗

반흉반길(半凶半吉) : 한편으로 흉하기도 하고 한편으로는 길하기도 함.
(예문) 오늘 나의 하루는 천국과 지옥을 경험할 만큼 반흉반길이었다.

피흉추길(避凶趨吉) : 궂은일을 피하고 좋은 일에 나아감.
(예문) 어머니는 늘 아들을 위해 피흉추길하기를 기도하고 계신다.

입춘대길(立春大吉) : 입춘을 맞이하여 길운을 기원한다는 뜻.
(예문) 그 집 대문에는 붓으로 멋들어지게 쓴 입춘대길 글자가 붙어 있었다.

〖　　길흉화복, 이럴 때 이렇게　〗

1. 삶은 길흉화복의 연속이니, 좋은 일도 나쁜 일도 모두 받아들이며 살아가야 합니다.

2. 지난 몇 년간 기업의 경영에 큰 변화가 있었지만, 길흉화복을 거두며 우리는 오늘까지 왔습니다.

3. 어머니는 집 이사를 앞두고, 길흉화복을 따져 가면서 적당한 날짜를 정하려고 했습니다.

4. 길흉화복을 겪으며, 더 성숙해진 나 자신에게 감사한 마음을 갖게 되었다.

5. 길흉화복이 인생의 이치이니, 좋은 일이든 나쁜 일이든 모두 담담히 받아들이는 지혜가 필요하다.

기쁨이 끝나면 슬픔이 오듯,
인생의 모든 감정은 순환한다

興盡悲來

흥진비래

　흥진비래(興盡悲來)는 즐거움이 다하면 슬픔이 온다는 뜻으로, 세상일은 좋고 나쁜 일이 돌고 돈다는 의미로 표현할 때 사용하는 성어입니다. 즉, 인생이 항상 좋은 일만 있거나 나쁜 일만 있는 것이 아니라, 기쁨과 슬픔이 번갈아 찾아온다는 것을 의미하는 말입니다. 인생의 무대에 찬란한, 햇살 아래에서 웃음이 가득하던 순간이 지나고 나면, 어둑한 구름이 드리운 하늘 아래에서 눈물이 고일 때가 찾아오듯, 흥이 넘치는 날이 저물고 나면, 그 자리에 비애의 그림자가 드리우는 법입니다. 즐거운 순간을 소중히 여기고, 슬픔이 올 때 그 순간을 잘 견디는 연습과 함께 인생의 모든 감정이 지나가는 과정으로 이해하며, 현재를 있는 그대로 받아들이는 태도가 필요합니다. 그래서 기쁨이 충만할 때도, 그 이면에 다가올 슬픔을 기억하며 우리는 평정심과 겸손한 마음을 잃지 말아야 합니다.

〚　　한자를 알면 뜻이 보인다　　〛

興盡悲來 : 즐거운 일[興]이 지나가면[盡] 슬픈 일[悲]이 닥쳐온다[來]
　　　　세상일은 좋고 나쁜 일이 돌고 돈다는 것을 말함.

한자 속 어휘의 발견

興 : 일 흥, 16획 ──────────────────── 부수: 臼

마주들 여(舁)와 한 가지 동(同)이 합하여 이루어진 모습으로, 힘을 합하여 함께 일으킨다는 의미에서 '일으키다'라는 뜻을 가지게 되었다.

> 진흥(振興) : 떨칠 진(振)과 일 흥(興)으로, 떨쳐 일어남.
> (예문) 정부가 중소기업의 진흥을 꾀하기 위해 투자 유치에 힘쓰고 있다.

盡 : 다할 진, 14획 ──────────────────── 부수: 皿

그릇 명(皿)과 붓 율(聿)이 합하여 이루어진 모습이다. 손에 솔 같은 것을 잡고 그릇을 닦는 모습에서 '다하다'나 '완수하다'라는 뜻을 가진 글자가 되었다.

> 소진(消盡) : 사라질 소(消)와 다할 진(盡)으로, 점점 줄어들어 다 없어짐.
> (예문) 토목 공사에 국력을 소진한 것이 망국의 원인이었다.

悲 : 슬플 비, 12획 ──────────────────── 부수: 心

마음 심(心)과 아닐 비(非)가 합하여 이루어진 모습으로, '슬프다'나 '서럽다'라는 뜻을 가진 글자이다. '마음(心)이 영 아니다(非)'라는 의미로, 기분이 좋지 않다는 뜻이다. 그래서 悲는 슬픈 감정을 표현하는 뜻으로 쓰이고 있다.

> 비극(悲劇) : 슬플 비(悲)와 심할 극(劇)으로, 매우 슬프고 비참한 일이나 사건.
> (예문) 전쟁의 비극은 어느 누구도 감당하기 어려운 것이다.

來 : 올 래, 8획 ──────────────────── 부수: 人

좇을 종(从)과 나무 목(木)이 합하여 이루어진 모습으로, '오다'나 '돌아오다', '앞으로'라는 뜻을 가진 글자이다.

> 도래(到來) : 이를 도(到)와 올 래(來)로, 어떤 기회나 시기가 닥쳐옴.
> (예문) 급격한 경제성장 이후 저성장 시대가 도래하였다.

〖　　키워드로 보는 사자성어, #흥하다(興)　　〗

흥청망청(興淸亡淸) : 마구 낭비하고 행동하면 망한다는 의미.
(예문) 재벌의 자제인 그는 흥청망청 돈을 뿌리고 다녀 많은 사람의 빈축을 샀다.

흥망성쇠(興亡盛衰) : 흥하고 망함과 성하고 쇠함.
(예문) 우주 만물의 흥망성쇠가 변화무쌍하다.

흥미진진(興味津津) : 흥미가 넘쳐흐를 정도로 매우 많다.
(예문) 이 소설은 역사를 소재로 흥미진진한 이야기를 풀어놓은 것이다.

〖　　흥진비래, 이럴 때 이렇게　　〗

1. 그동안의 즐거웠던 시간이 지나가자, 슬픈 이별이 찾아와 흥진비래를 느낀 순간이었다.

2. 흥진비래를 깨닫고 나니, 더 이상 인생의 기복에 흔들리지 않게 되었다.

3. 모든 일에는 흥진비래가 있으니, 좋은 일이 생겼을 때도 자만하지 말고 겸손해야 한다.

4. 그녀는 인생의 흥진비래를 깨달았고, 모든 일에 대해 더욱 강인한 마음을 가지게 되었다.

5. 인생은 흥진비래처럼 즐거움과 슬픔이 순환하는 것이다.

인생이란 만남이 있으면 헤어짐이 있기 마련이라

會者定離

회자정리

    회자정리(會者定離)는 만나는 사람은 반드시 헤어짐이 정해져 있는 뜻으로, 인생에서 모든 만남은 언젠가 헤어짐으로, 끝나게 되어있다는 의미로 표현되는 말입니다. 이는 세상사의 무상함과 인연의 덧없음을 강조하는 표현이기도 합니다. 우리는 인생의 길을 걷다 보면 수많은 인연을 만나 서로의 이야기가 한데 얽히며 새로운 추억을 만들어 갑니다. 그러나 꽃이 피고 지는 것처럼, 우리의 만남도 세월이 흘러가면 결국 이별의 순간을 맞이하게 됩니다. 회자정리라는 말처럼, 함께했던 시간은 언젠가 추억으로 남고, 각자의 길을 걸어가야 합니다. 하지만 우리는 그 짧은 순간의 만남일지라도 영원히 빛나도록, 오늘의 만남을 소중히 간직해야 하며, 지금 함께 있는 사람과 시간을 더 가치 있게 보내고 소중한 존재로 여겨야 합니다.

〚　　　**한자를 알면 뜻이 보인다**　　　〛

    會者定離 : 만난[會] 사람[者]은 헤어지도록[離] 정해[定]져 있다.
        만난 사람은 언젠가는 헤어지도록 운명이 정해져 있음.

한자 속 어휘의 발견

會 : 모일 회, 13획 — 부수: 曰

뚜껑 있는 그릇에 음식이 담겨 있는 모양을 본뜬 모습으로, '모이다', '만나다'라는 뜻을 가진 글자이다.

기회(機會) : 베틀 기(機)와 모일 회(會)로, 어떤 일을 하기에 알맞은 시기나 경우.
(예문) 일기 쓰기는 자기반성의 기회가 된다.

者 : 놈 자, 9획 — 부수: 耂

늙을 노(耂)와 흰 백(白)이 합하여 이루어진 모습으로, '놈'이나 '사람'이라는 뜻을 가진 글자이다. 본래 장작불을 태우면서 제사 지내는 모양에서 출발했으나, 후에 단순한 대명사로 전용되어 사용되고 있다.

화자(話者) : 말할 화(話)와 놈 자(者)로, 말하는 사람.
(예문) 토론에서 각 화자는 자신의 의견을 명확하게 표현해야 한다.

定 : 정할 정, 8획 — 부수: 宀

집 면(宀)과 바를 정(正)이 합하여 이루어진 모습이며, '정하다'나 '안정시키다'라는 뜻을 가진 글자이다.

특정(特定) : 특별할 특(特)과 정할 정(定)으로, 특별히 지정함.
(예문) 요즘은 특정 브랜드로 머리에서 발끝까지 치장하는 노노족이 인기다.

離 : 떠날 리(이), 19획 — 부수: 隹

흩어질 리(离)와 새 추(隹)가 합하여 이루어진 모습이며, '떠나다'나 '흩어지다'라는 뜻을 가진 글자이다.

괴리(乖離) : 어그러질 괴(乖)와 떠날 리(離)로, 서로 어그러져 동떨어짐.
(예문) 우리는 기성세대와 신세대의 괴리를 좁힐 수 있도록 방안을 강구하고 있다.

〖   키워드로 보는 사자성어, #모이다(會)   〗

정기국회(定期國會) : 정기적으로 소집되는 국회.
(예문) 이번 정기국회에서는 성폭력 관련법의 제정 및 개정을 추진하기로 했다.

기자회견(記者會見) : 기자들을 불러 모아서 개최하는 담화나 모임.
(예문) 이날 기자회견을 통해 평화 유지 활동을 지원하기 위한 재난 구호법이 발표되었다.

정보사회(情報社會) : 정보의 가치를 생산하는 것을 중심으로 운영되고 발전하는 사회.
(예문) 정보사회의 중추를 이루는 통신망의 구축이 하루빨리 이루어져야 한다.

〖   회자정리, 이럴 때 이렇게   〗

1. 그녀는 이별 후에도 회자정리를 기억하며 슬픔을 견디고자 했습니다.

2. 동료와의 작별 인사를 나누며 회자정리에 대한 깊은 생각이 떠올랐습니다.

3. 그 드라마에서 회자정리의 의미를 되새기며 가슴 아픈 이별을 그렸습니다.

4. 아빠는 회사 이직을 결심하고 회자정리라는 말로, 위로해 주었습니다.

5. 회자정리를 생각하며, 지금의 만남을 더 소중히 여기기로 했습니다.

둘째 마당

희망, 기회, 계획

꿈을 밀고 나가는 것은
이성이 아니라 희망이다.

꿈을 향해 나아가는 힘은 이성이 아니라
가슴 속에 숨어 있는 희망에서 시작됩니다.
희망은 어둠 속에서 빛을 찾게 하고,
불확실한 미래를 향해, 한 발짝 더 내딛게 만드는
은밀한 동력이 되어 당신을 성공으로 안내할 것입니다.

힘들어도
미래를 향한, 한 걸음이 희망을 만든다

前進之望

전진지망

    전진지망(前進之望)은 앞으로 나아가는 희망이라는 뜻으로, 어려움이나 좌절 속에서도 희망을 잃지 않고 앞으로 나아가는 의지를 표현할 때 사용하는 성어입니다. 전진지망은 비록 지금 힘들고 어렵더라도 그 어려움을 뚫고 나아갈 수 있는 희망의 메시지를 주는 말입니다. 때로는 우리의 삶이 끝이 보이지 않고 어둠 속에 있는 것처럼 느껴질 때도 있습니다. 하지만 전진지망은 바로 그 어둠 속에서도 빛을 찾아 나갈 수 있는 용기와 끈기를 선물합니다. 힘들고 지쳐도 전진지망의 뜻을 마음에 품고, 한 걸음씩 나아가기를 희망합니다. 그 희망이 당신을 앞으로 나아가게 할 것이며, 결국에는 당신이 꿈꾸던 목표에 도달하게 할 것입니다.

[　　한자를 알면 뜻이 보인다　　]

前進之望 : 앞으로[前] 나아가는[進][之] 희망[望]
어려움 속에서도 희망을 잃지 않고 앞으로 나아감.

한자 속 어휘의 발견

前 : 앞 전, 9획 — 부수: 刂

달 월(月)과 칼 도(刀), 상단에는 초두머리 초(艹)가 합하여 이루어진 모습으로, '앞'이나 '먼저', '앞서나가다'라는 뜻을 가진 글자이다.

직전(直前) : 곧을 직(直)과 앞 전(前)으로, 어떤 일이 일어나기 바로 전.
(예문) 잠들기 직전에는 음식을 안 먹는 것이 좋다.

進 : 나아갈 진, 12획 — 부수: 辶

쉬엄쉬엄 갈 착(辶)과 새 추(隹)가 합하여 이루어진 모습으로, 새가 계속해서 앞으로 '나아가다'는 의미에서 '나아가다'나 '오르다'라는 뜻을 가진 글자가 되었다.

증진(增進) : 더할 증(增)과 나아갈 진(進)으로, 더하여 좋아짐.
(예문) 새로운 건강법이 개발되면서 노인들의 건강도 증진되었다.

之 : 갈 지, 4획 — 부수: 丿

사람의 발을 그린 것으로 '가다'나 '~의', '~에'와 같은 뜻으로 쓰이는 f글자이다.

고육지책(苦肉之策) : 자신의 피해를 무릅쓰고서 어쩔 수 없이 택한 방법이나 책략
(예문) 회사는 재정 위기를 극복하기 위해 일부 부서를 축소하는 고육지책을 내놓았다.

望 : 바랄 망, 11획 — 부수: 月

망할 망(亡)과 달 월(月), 천간 임(壬)이 합하여 이루어진 모습으로 '바라다'나 '기대하다'라는 뜻을 가진 글자이다. 없는 것을 찾는다는 의미와 신하가 임금 보기를 하늘 보듯이 한다는 의미에서 '바라다', '바라보다' 등의 의미가 생성되었다.

신망(信望) : 믿을 신(信)과 바랄 망(望)으로, 믿고 기대함.
(예문) 그는 매사에 신중하고 합리적이어서 사람들로부터 신망이 높다.

〖　　키워드로 보는 사자성어, #장래, 미래　　〗

탄탄대로(坦坦大路) : 장래가 어려움이 없이 순탄함.
(예문) 인생에는 성공의 탄탄대로만 있는 것은 아니다.

심모원려(深謀遠慮) : 깊은 꾀와 먼 장래에 대한 생각.
(예문) 그는 대학을 졸업 후 취업이냐 공부냐를 놓고 심모원려에 빠져 있다.

전도요원(前途遙遠) : 가야할 길이 멀다. 또는 장래가 창창하게 멀다.
(예문) 이번 행사는 전도요원한 젊은이들이 모여 꿈과 희망을 주제로 토론하는 자리다.

〖　　전진지망, 이럴 때 이렇게　　〗

1. 그는 어려운 상황 속에서도 전진지망을 잃지 않고, 목표를 향해 끊임없이 노력하며 나아갔다.

2. 우리 회사는 세계적 기업이라는 전진지망을 향해 성장하고 있다.

3. 사람들은 대호의 전진지망을 무시했지만, 그는 결국 한 기업의 CEO가 되었다.

4. 모든 성공은 전진지망에서 시작된다. 희망을 가지고 꾸준히 앞으로 나아가는 것이 중요하다.

5. 그의 전진지망 덕분에 어려운 시절에도 긍정적인 마인드를 유지하며 미래를 향해 나아갈 수 있었다.

좋은 기회는 다시 오지 않으니,
순간을 놓치지 말라

勿失好機

물실호기

물실호기(勿失好機)는 좋은 기회를 놓치지 말라는 뜻으로, 좋은 기회가 찾아왔을 때 주저하지 않고 적극적으로 행동해야 함을 표현할 때 사용하는 성어입니다. 즉, 인생에서 중요한 순간들이나 기회들이 종종 예상치 못한 순간에 찾아오기 때문에, 항상 희망을 놓지 않고 주의 깊게 기다리고 준비하다 보면 기회는 찾아온다는 말입니다. 취업이나 진로를 고민하거나, 사업을 시작하거나, 시험을 준비하거나, 변화와 도전을 주저하는 사람에게 물실호기의 정신을 표현한다면 용기와 결단을 북돋아 줄 수 있는 아름다운 희망의 표현이라 할 수 있습니다. 좋은 기회가 찾아왔을 때 그것을 놓치지 않도록 항상 준비하고 기회가 찾아왔다면 결단력 있게 행동하라는 지혜를 전해주는 말입니다.

〚　**한자를 알면 뜻이 보인다**　〛

勿失好機 : 좋은[好] 기회[機]를 놓치지[失] 말라[勿]
좋은 기회를 놓치지 않음.

한자 속 어휘의 발견

勿 : 말 물, 4획 — 부수: 勹

'말다'나 '아니다'라는 뜻을 가진 글자이며, 여기서 '말다'라고 하는 것은 '~하지 말라'라는 뜻이다. 본래 칼에 피가 묻은 모양을 본뜬 글자인데, 후에 단죄(斷罪)했다는 의미로 전용되어 금지의 의미인 '하지 말라'는 뜻으로 사용되고 있다.

> 물경(勿驚) : 말 물(勿)과 놀랄 경(驚)으로, 엄청나게.
> (예문) 그는 하룻밤에 물경 수천만 원이나 도박으로 날렸다.

失 : 잃을 실, 5획 — 부수: 大

지아비 부(夫)에 획이 하나 그어져 있는 모습을 하고 있으며 '잃다'나 '달아나다'라는 뜻을 가진 글자이다.

> 상실(喪失) : 잃을 상(喪)과 잃을 실(失)로, 잊거나 잃어버리거나 빼앗기다.
> (예문) 그는 벌금 500만 원이 확정되어 의원직을 상실하였다.

好 : 좋을 호, 6획 — 부수: 女

여자 여(女)와 아들 자(子)가 합하여 이루어진 모습으로 '좋다'나 '아름답다', '사랑하다'라는 뜻을 가진 글자이다. 여자가 아이를 안고 있거나 남녀가 서로 안고 있어 '좋아한다'는 뜻이 생성되었다.

> 기호(嗜好) : 즐길 기(嗜)와 좋아할 호(好)로, 무엇을 즐기고 좋아하는 일.
> (예문) 우리나라에는 청소년들의 기호에 맞는 놀이문화가 부족하다.

機 : 틀 기, 16획 — 부수: 木

나무 목(木)과 몇 기(幾)가 합해진 모습으로 '기계'나 '베틀', '기회'라는 뜻을 가진 글자이다. 본래 옷감을 짜는 '베틀'의 의미를 지닌 글자였으나, 후에 '기회', '때', '기계'의 뜻을 가지게 되었다.

> 동기(動機) : 움직일 동(動)과 베틀 기(機)로, 의사 결정이나 어떤 행위의 직접적인 원인.
> (예문) 그는 마지못해 진술서에 범행 동기를 적었다.

〖　　키워드로 보는 사자성어, #잃을 실(失)　　〗

망연자실(茫然自失) : 황당한 일을 당하여 어찌할 줄 몰라 정신이 나간 듯이 멍함.
〔예문〕 연이어 쏟아진 눈 폭탄에 농민들은 망연자실해졌다.

아연실색(啞然失色) : 뜻밖의 일에 몹시 놀라 낯빛이 변함.
〔예문〕 그녀가 어찌나 아연실색을 하던지, 내가 더 놀랐다.

이해득실(利害得失) : 이로움과 해로움 및 얻음과 잃음.
〔예문〕 통일의 문제는 이해득실을 떠나 가치중립적으로 살펴보아야 한다.

〖　　물실호기, 이럴 때 이렇게　　〗

1. 성공은 자주 오지 않는 기회에 달려 있으니, 물실호기를 기억하고 기회를 적극적으로 활용하라.

2. 자신의 꿈을 이룰 수 있는 중요한 순간이 다가왔으니, 물실호기의 자세로 기회를 잡아야 한다.

3. 우리 팀은 이번 프로젝트에 대해 물실호기라는 생각을 가지고 열심히 일했습니다.

4. 이렇게 좋은 기회가 오기는 정말 어려운데, 물실호기라는 생각으로 참여했습니다.

5. 지금이야말로 큰 변화를 가져올 기회가 찾아온 시점이니, 물실호기를 명심하고 행동에 옮기자.

좀처럼 만나기 어려운
기회가 찾아왔을 때

千載一遇

천재일우

천재일우(千載一遇)는 천년에 한 번 만난다는 뜻으로, 좀처럼 만나기 어려운 기회를 의미하거나, 쉽게 얻을 수 없는 큰 행운이나 기회를 의미할 때 표현하는 말입니다. 천재일우와 같은 기회가 찾아온다는 것은 단순한 우연이 아닐 것입니다. 우주의 신비가 당신을 위해 준비한 선물일 수 있습니다. 이 기회는 비단 당신의 꿈을 실현할 수 있는 열쇠일 뿐만 아니라, 당신의 인생을 새롭게 변화시키는 힘을 가진 선물일 것입니다. 이 순간 당신의 눈앞에 찾아온 이 기회를 마치 천년의 기다림을 지나서 만난 소중한 보물로 생각하고, 그 기회를 붙잡는 용기를 가지기 바랍니다. 그렇게 함으로써 당신은 천년에 한 번 있을 법한, 그 귀한 기회를 소중히 여기고, 적극적으로 나아가는 자세를 가지는 것이 성공과 성취를 이루는 데 중요한 요소가 될 수 있음을 깨닫기를 바랍니다.

〖　　한자를 알면 뜻이 보인다　　〗

千載一遇 : 천년[千][載]에 한 번[一] 만난다[遇]
좀처럼 만나기 어려운 기회를 말함.

한자 속 어휘의 발견

千 : 일천 천, 3획 ─────────────────────────── 부수: 十

사람의 수를 나타내기 위해 만든 글자로 숫자 '일천'을 뜻하는 글자이다. 갑골문자를 보면 사람을 뜻하는 사람 인(人)의 다리 부분에 획이 하나 그어져 있는데 이것은 사람의 수가 '일천'이라는 뜻이다.

> 천리마(千里馬) : 일천 천(千), 마을 리(里), 말 마(馬)로, 하루에 천 리를 달릴 수 있는 아주 빠르고 좋은 말.
> (예문) 비록 천리마라도 알아주는 사람이 없으면 마구간에서 헛되이 늙어 죽는다.

載 : 실을 재, 13획 ────────────────────────── 부수: 車

수레 차(車)와 어조사 재(㦲)가 합하여 이루어진 모습이며, '싣다'나 '오르다', '등재하다'라는 뜻을 가진 글자이다. 수레에 물건을 '싣다'는 의미와 함께 글을 '싣다'는 의미까지 확대되었다.

> 탑재(搭載) : 탈 탑(搭), 실을 재(載)로, 떨어지지 않게 붙여지다.
> (예문) 그들은 특별 항공기에 골동품과 고문서의 탑재를 요청하였다.

一 : 한 일, 1획 ─────────────────────────── 부수: 一

막대기를 옆으로 눕혀놓은 모습을 그린 것으로 '하나'나 '첫째', '오로지'라는 뜻을 가진 글자이다.

> 일행(一行) : 한 일(一)과 갈 행(行)으로, 함께 가는 사람.
> (예문) 그 사람도 우리의 일행으로 이번 여행에 합류했다.

遇 : 만날 우, 13획 ───────────────────────── 부수: 辶

쉬엄쉬엄 갈 착(辶)과 원숭이 우(禺)가 합하여 이루어진 모습으로, 찾아가 만나 대접한다는 의미의 '만나다'나 '조우하다'라는 뜻을 가진 글자이다.

> 조우(遭遇) : 만날 조(遭)와 만날 우(遇)로, 우연히 만나거나 마주침.
> (예문) 수색 작전 중에는 적과 조우하는 경우가 가끔 있었다.

〚　　키워드로 보는 사자성어, #천재일우와 비슷한 성어　　〛

일기일회(一期一會) : 평생 단 한 번뿐인 만남
(예문) 모든 순간은 일기일회이니 후회 없는 삶을 살아야겠다.

천세일시(千歲一時) : 천세에 한 번뿐인 때
(예문) 이번 기회는 천세일시이니 꼭 놓치지 말아야 합니다.

천재일시(千載一時) : 천년에 한 번뿐인 때
(예문) 그의 병이 치료될 수 있는 것은 천재일시의 행운이었다.

〚　　천재일우, 이럴 때 이렇게　　〛

1. 천재일우의 기회를 맞이했으니, 후회하지 않도록 모든 가능성을 시험하고, 이 순간을 완벽하게 활용해야 한다.

2. 나는 시간이 지날수록 천재일우의 기회를 놓친 것이 안타까울 뿐이다.

3. 천재일우의 기회가 주어진 지금, 자신의 꿈을 이루기 위한 준비를 철저히 하여 이 특별한 순간을 최대한 활용하자.

4. 대학 입시 면접에서 합격하면, 그건 천재일우로 다가올 좋은 기회라고 생각합니다.

5. 차츰 시간이 지나가자 슬비는 천재일우의 기회를 놓친 것이 분하고 억울했던 것 같았다.

앞으로의 성공이 기대되는
현재의 잠재력을 표현할 때

前途有望

전도유망

　전도유망(前途有望)은 앞으로 갈 길이 희망이 있다는 뜻으로 미래에 대한 가능성이 크고, 밝은 전망을 가진 상황이나, 앞으로 발전하고 성취할 가능성과 희망이 있는 사람을 표현할 때 사용하는 한자 성어입니다. 즉, 현재가 좋을 뿐만 아니라, 앞으로도 긍정적인 발전과 성장을 이룰 가능성이 크다는 의미를 내포하고 있는 말입니다. 이는 미래에 대한 희망과 긍정적인 전망을 표현하며, 기대되는 결과를 바탕으로 지속적인 성장 가능성을 의미합니다. 현재 자신의 상황이, 성과가 좋지 않거나 어려워도 긍정적인 사고와 시각을 유지하는 것이 중요하며, 희망을 잃지 않고 더 나은 미래를 위해 지금의 순간을 극복할 수 있다는 믿음을 가져야 전도유망의 길을 걸을 수 있습니다. 또한 전도유망의 표현은 진심으로 상대방에게 희망과 용기를 주고 긍정적인 변화를 이끌어낼 수 있는 긍정적 암시를 선물하는 표현이라 할 수 있습니다.

〖　　한자를 알면 뜻이 보인다　　〗

前途有望 : 앞[前]으로 갈 길[途]이 희망[望]이 있음[有]
앞으로 발전하고 성공할 가능성과 희망이 있음.

한자 속 어휘의 발견

前 : 앞 전, 9획 ──────────────────────────── 부수: 刂

달 월(月), 칼 도(刀)와 함께 상단의 초두머리 초(艹)가 합하여 이루어진 모습으로 '앞'이나 '먼저', '앞서 나가다'라는 뜻을 가진 글자이다.

목전(目前) : 눈 목(目)과 앞 전(前)으로, 아주 가까운 곳, 또는 장래.
〔예문〕 그는 은행장 승진을 목전에 두고 있다.

途 : 길 도, 11획 ──────────────────────────── 부수: 辶

쉬엄쉬엄 갈 착(辶)과 나 여(余)가 합하여 이루어진 모습으로, 내가 걸어가는 곳이 곧 길이니, '길'이나 '도로'라는 뜻을 가진 글자가 되었다.

장도(壯途) : 씩씩할 장(壯)과 길 도(途)로, 큰 뜻을 품고 떠나는 길.
〔예문〕 오늘 밤은 최 군의 장도를 축하하는 뜻에서 실컷 마십시다.

有 : 있을 유, 6획 ──────────────────────────── 부수: 月

또 우(又)와 육달 월(月)이 합하여 이루어진 모습으로 '있다', '존재하다', '가지고 있다', '소유하다'라는 뜻을 가진 글자이다. 손(又)에 고깃덩이(月)를 들고 있는 모양에서 '가지고 있다'는 소유의 의미가 생성되었다.

향유(享有) : 누릴 향(享), 있을 유(有)로, 자기의 것을 소유하여 누림.
〔예문〕 현대인들은 문화와 예술의 향유에 많은 관심을 가진다고 합니다.

望 : 바랄 망, 11획 ──────────────────────────── 부수: 月

망할 망(亡)과 달 월(月), 천간 임(壬)이 합하여 이루어진 모습으로 '바라다'나 '기대하다'라는 뜻을 가진 글자이다. 없는 것을 찾는다는 의미와 신하가 임금 보기를 하늘 보듯이 한다는 의미에서 '바라다', '바라보다' 등의 의미가 생성되었다.

선망(羨望) : 부러워할 선(羨), 바랄 망(望)으로, 부러워하며 바람.
〔예문〕 이 승용차는 많은 직장인에게 선망의 대상이었다.

〚　　키워드로 보는 사자성어, #앞길　　〛

전도양양(前途洋洋) : 앞날이 희망차고 전망이 밝다.
　[예문] 그는 전도양양한 젊은이였다.

만리전정(萬里前程) : 젊은이의 희망에 찬 앞길.
[예문] 자식의 만리전정을 생각한다면 지금의 시련은 약이 될 수도 있을 것이다.

화전충화(花田衝火) : 꽃밭에 불을 지른다는 뜻으로 젊은이의 앞길을 그르치게 함.
[예문] 음주 운전사고로 인해 20대의 젊은 청년은 화전충화의 신세가 되었다.

〚　　전도유망, 이럴 때 이렇게　　〛

1. 아버지께서는 그가 매우 전도유망한 청년이라고 칭찬하셨다.

2. 향후 전도유망하다고 평가받고 있는 신재생 에너지 분야는 세계적인 추세를 반영하여 빠른 성장이 예상된다.

3. 전기차 산업은 환경문제 해결과 기술 발전으로 인해 전도유망한 성장세를 보이고 있다.

4. 최근 개발된 인공지능 기술은 전도유망한 미래 산업으로 주목받고 있다.

5. 게임 산업은 글로벌 시장 확대로 전 세계적으로 전도유망한 시장으로 떠오르고 있다.

꿈을 이루기 위한
장기적인 비전과 계획을 표현할 때

百年大計

백년대계

백년대계(百年大計)는 백 년을 내다보는 큰 계획을 세운다는 뜻으로, 한 가지 목표를 위해 장기적으로 바라보고 계획을 세우는 의미를 표현할 때 사용하는 말입니다. 단순히 단기간의 결과를 목표로 세우기보다는 백 년을 내다보는 계획을 세우고 실행하는 것을 의미합니다. 백년대계는 미래를 위해 현재의 결정이 장기적으로 어떤 영향을 미칠지를 고민하고, 그것이 미래에 어떻게 이어질지를 염두에 두는 것이 중요합니다. 그래야만 단기적인 유혹이나 어려움에 흔들리지 않고, 더 큰 목표를 향해 나아갈 수 있습니다. 단기적인 성과를 목표로 할 때는 종종 실패하거나 중단될 위험이 있지만, 장기적인 계획을 세우면 실패를 겪더라도 그것을 극복하고 계속 노력할 수 있는, 힘을 가질 수 있습니다.

[**한자를 알면 뜻이 보인다**]

百年大計 : 백[百] 년[年]을 대다 보는 큰[大] 계획[計].
　　　　　먼 장래까지 내다보고 세우는 큰 계획.

한자 속 어휘의 발견

百 : 일백 백, 6획 ─────────────── 부수: 白

흰 백(白)과 한 일(一)이 합하여 이루어진 모습이며, '일백'이나 '백 번', '온갖'과 같은 수를 나타내는 글자이다.

백문(百聞) : 일백 백(百)과 들을 문(聞)으로, 아주 여러 번 들음.
(예문) 백문이 불여일견이니 내가 하는 것을 잘 봐라.

年 : 해 년, 6획 ─────────────── 부수: 干

벼 화(禾)와 사람 인(人)이 합하여 이루어진 모습이다. 농부에게 한 해의 마무리는 추수가 끝나는 시점이며, 한해가 마무리되었다는 의미에서 '해'나 '나이', '새해'라는 뜻을 갖게 되었다.

금년(今年) : 이제 금(今)과 해 년(年)으로, 지금 살고 있는 이 해.
(예문) 금년은 예년보다 춥다고 하니 월동비가 더 많이 들 것으로 예상된다.

大 : 큰 대, 3획 ─────────────── 부수: 大

갑골문을 보면 양팔을 크게 벌리고 있는 사람이 그려져 있는데, '크다'나 '높다', '많다', '심하다'와 같은 다양한 뜻으로 쓰이는 글자이다.

대개(大槪) : 큰 대(大)와 대개 개(槪)로, 일반적인 경우.
(예문) 여기서 가꾸는 고추는 대개 구월 초순부터 중순까지 파종한다.

計 : 셀 계, 9획 ─────────────── 부수: 言

말씀 언(言)과 열 십(十)이 합하여 이루어진 모습이다. 숫자의 완성인 '十'을 놓고 '말한다(言)'는 의미에서 '세다'나 '헤아리다'라는 뜻을 갖게 되었다.

계략(計略) : 셀 계(計)와 다스릴 략(略)으로, 어떤 일을 이루기 위한 꾀나 수단.
(예문) 그 사건의 배후에는 무서운 계략이 숨어 있었다.

〚　　키워드로 보는 사자성어, #계획, 계략　　〛

백계무책(百計無策) : 있는 꾀를 다 써도 소용이 없음.
(예문) 복잡한 상황에서 해결할 방법이 떠오르지 않아 백계무책인 것 같다.

만년지계(萬年之計) : 아주 먼 훗날까지를 생각하여 세운 계획.
(예문) 정부는 천재지변에 대한 만년지계를 위해 노력하겠다고 발표했다.

호구지책(糊口之策) : 입에 풀칠을 할 방책.
(예문) 당장은 호구지책으로 버틸 수 있지만, 장기적으로 근본적인 해결책이 필요하다.

〚　　백년대계, 이럴 때 이렇게　　〛

1. 나는 백년대계를 세우며 세계를 누비는 성공한 모습을 상상했다.

2. 정부는 교육 개혁에 앞서 교육은 백년대계라는 말의 진정한 의미를 다시 한번 되새겨 봐야 할 것이다.

3. 교육은 백년대계라고 하듯 그 정책은 먼 뒷날까지를 내다보고 수립되어야 한다.

4. 교육에 대한 투자는 눈앞의 공리만이 아닌, 백년대계를 위해서 하는 것이다.

5. 행정부나 입법부, 사법부 등에서 주요한 결정을 내릴 때는 부처 입장만 고집하지 말고 국가 백년대계와 전체 이익을 생각하는 자세가 필요하다.

어떤 일이든 한 치의 오차와 실수 없이
일을 진행하고자 할 때

徹頭徹尾

철두철미

철두철미(徹頭徹尾)는 처음부터 끝까지 철저하게 한다는 뜻으로, 처음부터 끝까지 빈틈없이 철저하게 일 처리하는 자세를 표현하는 데 사용하는 한자 성어입니다. 철두철미라는 표현은 삶의 복잡한 문제들을 해결하며 나가는 과정에서 처음부터 끝까지 세심하고 철저한 태도가 필요한 사람에게 적절하게 표현하는 말입니다. 단순히 일을 마무리하는 것이 아니라, 작업의 모든 단계에서 세심하게 주의를 기울이고 중간에 방심하지 않고 철저하게 관리하는 것을 의미합니다. 이는 수행하는 모든 단계에서 주의 깊게 관리하고, 중간에 발생할 수 있는 문제를 예방하며, 전반적으로 세심하고 완벽한 자세를 요구하는 말이기도 합니다. 모든 일의 시작은 두려움과 설렘으로 가득 차 있지만, 일의 끝마침은 철두철미하게 처리함으로써, 완성도 높은 결과를 얻어, 책임감과 신뢰를 구축하는 데 도움이 되기를 바랍니다.

〚 **한자를 알면 뜻이 보인다** 〛

徹頭徹尾 : 처음[頭]부터 끝까지[尾] 모두 통함[徹]
처음부터 끝까지 빈틈없고 철저하게 함.

한자 속 어휘의 발견

徹 : 통할 철, 15획 ──────────────── 부수: 彳

조금 걸을 척(彳)과 기를 육(育), 칠 복(攵)이 합하여 이루어진 모습이다. 모든 길을 다 통하게 만든다는 의미에서 '통하다'나 '관통하다', '꿰뚫다'라는 뜻을 가진 글자이다.

관철(貫徹) : 꿸 관(貫)과 통할 철(徹)로, 일 등을 끝까지 밀고 나가 끝내 이룸.
(예문) 근래 집단적 행동을 통한 이익 관철이 사회의 문제로 대두되고 있다.

頭 : 머리 두, 16획 ──────────────── 부수: 頁

콩 두(豆)와 머리 혈(頁)이 합하여 이루어진 모습으로, '머리'나 '꼭대기', '처음'이라는 뜻을 가진 글자이다.

연두(年頭) : 해 년(年)과 머리 두(頭)로, 해의 첫머리.
(예문) 대통령의 연두 기자 회견은 미래상을 포괄적으로 제시하는 데 그쳤다.

徹 : 통할 철, 15획 ──────────────── 부수: 彳

조금 걸을 척(彳)과 기를 육(育), 칠 복(攵)이 합하여 이루어진 모습이다. 모든 길을 다 통하게 만든다는 의미에서 '통하다'나 '관통하다', '꿰뚫다'라는 뜻을 가진 글자이다.

철야(徹夜) : 통할 철(徹)과 밤 야(夜)로, 잠을 자지 않고 밤을 샘.
(예문) 우리는 일을 마치기 위해 야근과 철야 작업을 강행하였다.

尾 : 꼬리 미, 7획 ──────────────── 부수: 尸

주검 시(尸)와 털 모(毛)가 합하여 이루어진 모습으로, 사람이 사냥할 때 짐승처럼, 분장하고 있는 모양을 본떠 '꼬리'나 '끝'이라는 뜻을 가진 글자가 되었다.

미괄식(尾括式) : 꼬리 미(尾)와 묶을 괄(括), 법 식(式)으로, 주제문이 문단이나 글의 뒷부분에 오는 산문 구성 방식.
(예문) 미괄식은 글의 뒤쪽에 주제문이 놓여 있어, 두괄식보다 요지 파악이 불편할 수 있다.

〖　　키워드로 보는 사자성어, #처음부터 끝까지　　〗

전후곡절(前後曲折) : 일의 처음부터 끝까지의 이런저런 복잡한 사정이나 이유.
  〔예문〕 해경아, 서둘지 말고 전후곡절을 알아듣게 얘기해 봐라.

자초지종(自初至終) : 처음부터 끝까지의 과정.
  〔예문〕 희생자들의 유가족들은 사건의 자초지종을 끝까지 규명할 것을 요청하였다.

시종일관(始終一貫) : 처음부터 끝까지 한결같이.
  〔예문〕 그는 이 사안에 대해 시종일관 긍정도 부정도 하지 않는 모호한 태도를 보였다.

〖　　철두철미, 이럴 때 이렇게　　〗

1. 그는 철두철미 자신의 이익만을 위해 교활하게 사기를 치며 산 사람이다.

2. 철두철미하게 공부해서 시험에서 좋은 성적을 받았다.

3. 그는 프로젝트를 진행하면서 철두철미하게 준비하여 성공적으로 마무리했다.

4. 철두철미하게 불법 부정 선거를 지양하는 것이 이번 선거의 대원칙입니다.

5. 이 문제를 해결하기 위해서는 철두철미한 접근이 필요하다.

미래를 미리 예견하고 준비하는
능력이나 지혜를 표현할 때

先見之明

선견지명

선견지명(先見之明)은 앞을 먼저 내다보는 밝은 지혜 또는 능력이라는 뜻으로, 미래를 내다보고 미리 계획하고 준비하는 능력이나 지혜를 표현할 때 사용하는 성어입니다. 즉, 현재의 징후나 정보를 바탕으로 미래의 가능성을 예측하고, 그에 대한 적절한 대응책을 마련하는 지혜를 의미합니다. 선견지명은 다양한 분야에서 미래를 준비하고 예측하는 능력이 중요한 사람들에게 필요한 덕목입니다. 급변하는 시장 상황, 기술 혁신, 사회적 변화 등 수많은 변수 속에서 기업가나 조직을 이끄는 사람에게 필요한 지혜이며, 국민의 삶과 나라의 미래를 책임지는 정치 지도자와 개인의 삶에서도 직업의 선택, 자기 계발 등 다양한 측면에서 선견지명의 통찰력이나 지혜를 발휘한다면, 예기치 않는 상황과 불확실한 미래를 두려워하지 않고 온전히 평안과 풍요로운 삶을 영위할 수 있을 것입니다.

〚 **한자를 알면 뜻이 보인다** 〛

先見之明 : 앞을 먼저[先] 내다보는[見] 밝은[明] 지혜
어떤 일이 일어나기 전에 앞을 내다보는 지혜 또는 능력

한자 속 어휘의 발견

先 : 먼저 선, 6획 — 부수: 儿

소 우(牛)와 어진 사람 인(儿)이 합하여 이루어진 모습으로, 소보다 사람의 발이 앞서간다는 의미에서 '먼저'나 '미리'라는 뜻을 가진 글자가 되었다.

선구자(先驅者) : 먼저 선(先), 몰 구(驅), 놈 자(者)로, 그 시대의 다른 사람보다 앞선 사람.
(예문) 그는 대한민국에서 인공지능 분야의 선구자이다.

見 : 볼 견, 7획 — 부수: 見

눈 목(目)과 어진사람 인(儿)이 합하여 이루어진 모습이며, 사람의 눈을 강조해 눈으로 '보다'라는 뜻을 가진 글자이다.

편견(偏見) : 치우칠 편(偏)과 볼 견(見)으로, 한쪽으로 치우친 공정하지 못한 생각이나 견해.
(예문) 편견에 사로잡히면 항상 모든 사물을 부정적으로 보는 좋지 못한 습관이 길러진다.

之 : 갈 지, 4획 — 부수: 丿

'가다'나 '~의', '~에'와 같은 뜻으로 쓰이는 글자로, 사람의 발을 그린 것이다.

무근지설(無根之說) : 아무런 근거 없이 떠도는 말.
(예문) 그따위 무근지설을 퍼뜨리다가는 혼쭐이 날 것이다.

明 : 밝을 명, 8획 — 부수: 日

날 일(日)과 달 월(月)이 합하여 이루어진 모습으로, '밝다'나 '나타나다', '명료하다'라는 뜻을 가진 글자이다.

규명(糾明) : 꼴 규(糾)와 밝을 명(明)으로, 어떤 사실을 캐고 따져서 밝힘.
(예문) 경찰은 이번 사고의 원인 규명에 최선을 다하고 있습니다.

〚　　키워드로 보는 사자성어, #보다 (見)　　〛

견물생심(見物生心) : 어떤 물건을 실제로 보면 가지고 싶은 욕심이 생김.
예문 그는 백화점에 갈 때마다 견물생심으로, 필요치 않은 물건도 자꾸 사게 된다.

견리망의(見利忘義) : 눈앞에 이익이 보이면 의리를 저버림
예문 지금의 정치인들을 보면 견리망의한 경우가 많다.

명견만리(明見萬里) : 만 리 밖의 일을 환하게 살펴서 보고 있다는 뜻.
예문 태수는 명견만리하여 여러 면에서 남들보다 앞서 있다.

〚　　선견지명, 이럴 때 이렇게　　〛

1. 회사의 성공은 시장의 변화를 예측하고 준비한 CEO의 선견지명 덕분이다.

2. 선견지명 덕분에 그는 경기 침체를 예상하고 재정적 준비를 해 두었기 때문에, 위기 상황에서도 안정적으로 대처할 수 있었다.

3. 정치 지도자는 국민의 안녕을 위해 선견지명을 가지고 정책을 수립해야 한다.

4. 교사는 학생들의 잠재력을 파악하고 그에 맞는 교육 방법을 제시하는 선견지명이 있어야 한다.

5. 그의 선견지명은 새로운 기술의 발전 방향을 정확히 예측하고, 이를 기반으로 전략을 세운 결과로 회사의 성장에 크게 기여했다.

셋째 마당

의리, 의로움

의리는
함께하는 모든 순간에 대한 신뢰의 다짐이며,
의로움은
그 신뢰를 끝까지 지켜내는 실천이다.

의리는 마음의 깊은 샘에 심어진 씨앗과 같아,
시간이 흐르며 굳건한 뿌리를 내리고 장엄한 꽃을 피워냅니다.
의로움은 그 꽃잎을 훼손하려는 세월의 바람 속에서도
변함없는 향기를 간직하며, 영원히 인향만리(人香萬里)를 실천합니다.

이익을 추구할 때는
도덕적 가치와 부합하는지 반드시 생각하라

見利思義

견리사의

견리사의(見利思義)는 이익을 보면 의를 생각한다는 뜻으로, 이익을 추구할 때 항상 윤리적인 기준을 생각해야 한다는 의미로 표현할 때 사용되는 성어입니다. 즉, 이익이 도출되는 과정이나 그 결과가 도덕적 기준에 부합하는지, 장기적으로 긍정적인 영향을 미치는지 평가하라는 뜻입니다. 이 표현은, 단기적인 이익이 모든 것이 아님을 인식하고, 그 이익이 타인에게 미치는 영향이나 사회적 가치를 충분히 고려해야 함을 강조하는 말입니다. 우리는 물질적 이익의 눈부심에 눈이 멀기 전에, 그 이익의 뒤에 숨어 있는 도덕적 진실을 먼저 들여다보아야 합니다. 황금빛 유혹이 다가올 때, 그것을 움켜쥐기 전에 마음속의 저울로 옳고 그름을 먼저 살피고, 이익의 유혹이 아무리 강해도 그 앞에서 의로운 마음을 지키는 것이 진정한 인간의 삶이라 할 수 있습니다.

〚   **한자를 알면 뜻이 보인다**   〛

見利思義 : 이익[利]을 보면[見] 의[義]를 생각함[思]
눈앞의 이익을 보면 의를 먼저 생각함.

한자 속 어휘의 발견

見 : 볼 견, 7획 — 부수: 見

눈 목(目)과 어진사람 인(儿)이 합하여 이루어진 모습이며, 사람의 눈을 강조해 눈으로 '보다'라는 뜻을 가진 글자이다.

이견(異見) : 다를 이(異)와 볼 견(見)으로, 다른 의견이나 생각.
(예문) 이 결정에 대해서 이견이 있으신 분은 서슴지 마시고 말씀해 주시기 바랍니다.

利 : 이로울 리(이), 7획 — 부수: 刂

벼 화(禾)와 칼 도(刀)가 합하여 이루어진 모습으로, '이롭다'나 '유익하다', '날카롭다'라는 뜻을 가진 글자이다. 벼(禾)를 베는 칼(刀)의 의미에서 '날카롭다'는 의미가 생성. 후에 수확의 결과로 '이익'의 의미까지 파생되었다.

실리(實利) : 열매 실(實)과 이로울 리(利)로, 실제의 이익.
(예문) 외교에서 너무 실리에만 치중하다 보면 우호 관계에 금이 갈 수도 있다.

思 : 생각 사, 9획 — 부수: 心

밭 전(田)과 마음 심(心)이 합하여 이루어진 모습으로, '생각'이나 '심정', '정서'라는 뜻을 가진 글자이다.

사려(思慮) : 생각할 사(思)와 생각할 려(慮)로, 여러 가지로 주의 깊게 생각함.
(예문) 우리 선생님은 예리하면서도 사려가 깊은 분이다.

義 : 옳을 의, 13획 — 부수: 羊

양 양(羊)과 나 아(我)가 합하여 이루어진 모습으로, 순수함을 의미하는 양과 같은 동물의 결정체를 자신에게 비유해 '옳다'나 '의롭다'라는 뜻을 가진 글자가 되었다.

불의(不義) : 아니 불(不)과 옳을 의(義)로, 정의롭지 못하고 도리에 어긋남.
(예문) 불의에 항거하는 시민 정신이 필요하다.

〖 키워드로 보는 사자성어, #의리 〗

견리망의(見利忘義) : 앞에 이익이 보이면 의리를 저버림
(예문) 정치인들을 보면 견리망의한 인물들이 많다.

무신무의(無信無義) : 신용도 없고 의리도 없음.
(예문) 그는 주위 사람들에게 무신무의하여 정작 힘들 때 도움을 받을 수가 없었다.

결의형제(結義兄弟) : 의로써 형제와 같은 관계를 맺다.
(예문) 일찍이 유비, 관우, 장비는 결의형제하여 한날한시에 같이 죽기를 맹세하였다.

〖 견리사의, 이럴 때 이렇게 〗

1. 그는 항상 견리사의의 정신을 갖고 일을 처리한 결과, 동료들로부터 좋은 평판을 얻게 되었다.

2. 친구가 시험에서 부정행위를 권했지만, 인영이는 견리사의를 떠올리며 정직하게 시험을 치렀다.

3. 눈앞에 이익이 있음에도 불구하고 그는 동료들을 배신하지 않고, 견리사의를 간직한 채 일을 진행했다.

4. 회사는 비용을 절감하기 위해 환경을 해치는 방법을 사용할 수 있었지만, 견리사의 정신에 따라 친환경적이고 윤리적인 대안을 선택했다.

5. 그는 병원의 수익을 높이기 위해 불필요한 검사를 권할 수 있었지만, 견리사의 정신에 따라 환자의 건강을 최우선으로 생각했다.

지도자와 구성원들 사이에
신뢰와 의리가 있어야 함을 표현할 때

君臣有義

군신유의

    군신유의(君臣有義)는 임금과 신하는 의리가 있어야 한다는 뜻으로, 임금은 신하에게 덕을 베풀고, 신하는 임금에게 충성을 다하고 헌신해야 한다는 의미로 표현할 때 사용되는 성어입니다. 이 표현은 임금과 신하 간의 관계에 있어서 서로가 도덕적이고 윤리적인 기준을 지켜가며 백성을 의로움으로 다스려야 한다는 뜻이기도 합니다. 군신유의는 현대적인 의미로 해석하자면 권력을 가진 자와 그 권력을 받드는 자, 이 세상의 모든 지도자와 추종자들에게 필요한 덕목이라 생각합니다. 군신유의는 높은 자리에서 세상을 굽어보는 자에게는 마음의 나침반이 되어, 권력의 달콤한 유혹에 눈이 멀지 않게 하고, 백성의 목소리를 듣고 그들의 눈물을 닦아 줄 때, 정의와 의로움을 바로 세울 수 있다는 점을 우리에게 전하고 있습니다.

〚　**한자를 알면 뜻이 보인다**　〛

君臣有義 : 임금[君]과 신하[臣]는 의리[義]가 있어야[有] 함
오륜(五倫)의 하나로, 임금과 신하 사이에는 마땅히 지켜야 할 도리가 있음.

한자 속 어휘의 발견

君 : 임금 군, 7획 ─────────────────────────── 부수: 口

다스릴 윤(尹)과 입 구(口)를 합하여, 군주가 명령을 내리는 모습을 표현한 것으로, '임금'이나 '영주', '군자'라는 뜻을 가진 글자이다.

성군(聖君) : 성스러울 성(聖)과 임금 군(君)으로, 어질고 뛰어난 임금.
(예문) 성군으로 이름 높은 세종 대왕이 즉위한 지 25년째 되던 해에 훈민정음을 창제하였다.

臣 : 신하 신, 6획 ─────────────────────────── 부수: 臣

고개를 숙인 사람의 눈을 그린 것으로, '신하'나 '하인', '포로'라는 뜻을 가진 글자이다. '신하'라는 뜻을 가진 것은 왕의 눈을 마주하지 못하는 사람의 눈을 그린 것이기 때문이다.

역신(逆臣) : 거스릴 역(逆)과 신하 신(臣)으로, 임금이나 나라를 반역한 신하.
(예문) 오늘의 공신이 내일의 역신으로 몰리는 비극이 발생했다.

有 : 있을 유, 6획 ─────────────────────────── 부수: 月

또 우(又)와 육달 월(月)이 합하여 이루어진 모습으로 '있다', '존재하다', '가지고 있다', '소유하다'라는 뜻을 가진 글자이다. 손에 고깃덩이를 들고 있는 모양에서 '가지고 있다'는 소유의 의미가 생성되었다.

고유(固有) : 굳을 고(固)와 있을 유(有)로, 어느 사물에 본래부터 지니고 있음.
(예문) 각국 대표들은 민족 고유 의상을 입고 대회에 출전했다.

義 : 옳을 의, 13획 ─────────────────────────── 부수: 羊

양 양(羊)과 나 아(我)가 합하여 이루어진 모습으로, 순수함을 상징하는 동물인 양을 자신에게 비유해 '옳다'나 '의롭다'라는 뜻을 가진 글자가 되었다.

대의(大義) : 큰 대(大)와 옳을 의(義)로, 사람으로서 마땅히 행하거나 지켜야 할 큰 도리.
(예문) 대의를 망각한 그의 처사는 지탄받아 마땅하다.

〚　　　키워드로 보는 사자성어, #오륜(伍倫)　　〛

부부유별(夫婦有別) : 남편과 아내 사이에는 엄격히 지켜야 할 인륜의 구별이 있다는 말.
〔예문〕 부부유별을 바탕으로 서로의 역할과 책임을 구분하면,
　　　　갈등이 줄어들고 가정이 더 안정된다.

부자유친(父子有親) : 아버지는 아들을 사랑하고 아들은 아버지를 잘 섬김. 부자간의 도리.
〔예문〕 부자유친을 실천하기 위해서는 자주 대화하고 서로의 감정을 이해하는 노력이 필요하다.

붕우유신(朋友有信) : 벗의 도리는 믿음에 있다는 뜻.
〔예문〕 좋은 친구 관계는 붕우유신에서 시작되며, 이는 서로의 신뢰와 존중을 바탕으로 성립된다.

장유유서(長幼有序) : 윗사람과 아랫사람 사이에는 지켜야 할 차례와 질서가 있음.
〔예문〕 장유유서의 원칙에 따라, 가정에서는 부모와 자식 간의
　　　　예의와 순서를 지키는 것이 중요하다.

〚　　　군신유의, 이럴 때 이렇게　　〛

1. CEO는 직원들에게 존중과 사랑을 보여주고, 직원들은 CEO에 대한 신뢰와
   헌신으로 군신유의의 정신을 실천할 수 있다.

2. 군신유의의 원칙을 가지고 직장생활을 하면, 상사들에게 좋은 평가를 받을 수
   있습니다.

3. 회사의 CEO는 군신유의의 정신을 실천하며, 직원들의 의견을 경청하고 공정한
   결정을 내리기 위해 노력했다.

4. 교장은 군신유의의 원칙을 실천하기 위해 교사들의 의견을 존중하고 함께
   학교발전을 위해 노력했다.

5. 부모는 자녀들에게 올바른 도덕적 가르침을 주고, 자녀는 부모의 사랑과 희생에
   감사하는 군신유의의 정신이 필요하다.

자신을 희생하여
의로움을 실천할 때

殺身成仁

살신성인

살신성인(殺身成仁)은 자기의 몸을 죽여 인(仁)을 이룬다는 뜻으로, 자신을 희생하여 의로운 일을 행한다는 표현으로 사용되는 성어입니다. 여기서 인(仁)은 유교에서 말하는 사랑, 인애, 도덕적 가치를 의미하며, 인간다움의 핵심 덕목으로 삼고 있습니다. 즉, 살신성인은 개인의 안위를 포기하고 인류애와 고귀한 이상을 이루기 위해 희생하는 의로운 행동을 말합니다. 위험에 처한 사람을 구하기 위해 자신의 안전을 포기하고 희생하는 경우나, 지도자나 공인들이 자신보다는 국민이나 조직의 이익을 우선시할 때나, 개인적인 손해를 감수하고 사회 정의를 위해 목소리를 내거나, 환경 보호를 위해 노력할 때나 이 모두는 살신성인의 정신을 실천하는 경우입니다. 이는 단순히 개인의 이익을 넘어, 더 나은 사회와 공동체를 위한 헌신적이고 희생적인 의로운 마음이 드러나는 것입니다.

〚 **한자를 알면 뜻이 보인다** 〛

殺身成仁 : 자기의 몸[身]을 죽여[殺] 인[仁]을 이룬다[成]
  자기의 몸을 희생하여 의로움을 행함.

한자 속 어휘의 발견

殺 : 죽일 살, 11획 — 부수: 殳
죽일 살(杀)과 몽둥이 수(殳)가 합하여 이루어진 모습이다. 해를 끼치는 미상의 동물을 몽둥이로 때려죽이는 의미로 '죽이다'나 '죽다', '없애다'라는 뜻을 가지게 된 것이다.

살상(殺傷) : 죽일 살(殺)과 다칠 상(傷)으로, 사람을 죽이거나 상처를 입힘.
(예문) 무차별적인 살상이 벌어지는 전쟁은 어떠한 이유에서도 용납될 수 없다.

身 : 몸 신, 7획 — 부수: 身
'몸'이나 '신체'를 뜻하는 글자로, 갑골문자를 보면 배가 볼록한 임신한 여자가 그려져 있으며 본래는 '임신하다', '(아이를)배다'라는 의미였다.

신상(身上) : 몸 신(身)과 위 상(上)으로, 사람의 신변에 관한 형편.
(예문) 내 말을 잘 들어 두는 게 신상에 좋을 것이다.

成 : 이룰 성, 6획 — 부수: 戈
창 모(戊)와 못 정(丁)이 합하여 이루어진 모습으로, 충실하고 성하게 이루어져 간다는 의미에서 '이루다'나 '갖추어지다', '완성되다'라는 뜻을 가지게 되었다.

조성(造成) : 지을 조(造)와 이룰 성(成)으로, 만들어서 이룸.
(예문) 현재 이 지역은 대규모 공업 단지의 조성이 추진되고 있다.

仁 : 어질 인, 4획 — 부수: 亻
사람 인(人)과 두 이(二)가 합하여 이루어진 모습으로, 두 사람 사이의 올바른 관계를 의미하여 '어질다'나 '자애롭다', '인자하다'라는 뜻을 가지게 되었다.

인자(仁者) : 어질 인(仁)과 놈 자(者)로, 마음이 어진 사람.
(예문) 할머님의 인자하신 모습이 눈에 선하다.

〖　　키워드로 보는 사자성어, #어질 인(仁)　　〗

인의예지(仁義禮智) : 사람이 갖추어야 할 네 가지의 성품.
(예문) 인의예지 사상은 우리 국민의 정신세계를 흐르고 있다.

인자무적(仁者無敵) : 어진 사람에게는 적이 없음.
(예문) 어머니께서는 내가 인자무적의 삶을 살기를 원하셨다.

송양지인(宋襄之仁) : 너무 어질고 착하기만 하고 실속이 없음.
(예문) 그는 좋은 사람이지만 송양지인과 같아서 호구 취급을 받는다.

〖　　살신성인, 이럴 때 이렇게　　〗

1. 살신성인의 투혼을 발휘하다 숨진 소방관의 영정 앞에서 시민들은 숙연해졌다.

2. 난국 타개를 위하여 살신성인하는 자세로 모든 일에 임해야 한다.

3. 그녀는 동료들을 구하기 위해 자신의 생명을 걸고 살신성인의 결의를 보였다.

4. 이 힘든 경기 속에서 우리 회사가 살아남기 위해서는 여러분들의 살신성인하는 정신이 필요합니다.

5. 독립운동가들은 국가와 민족을 위해 살신성인의 정신으로 목숨을 바쳤다.

목적을 위루기 위해
서로 협력을 맹세하고 의리를 다짐할 때

桃園結義

도원결의

　도원결의(桃園結義)는 도원에서 의형제를 맺는다는 뜻으로, 유비, 관우, 장비, 세 사람이 도원(복숭아나무밭)에서 의형제를 맺고 굳게 결의한 사건에서 유래한 말입니다. 즉, 도원결의는 하나의 목적을 이루기 위해 사람들 간의 신뢰와 협력을 맹세하고 의리를 다짐할 때 표현되는 성어입니다. 서로 다른 운명을 가진 유비, 관우, 장비가 한데 모여, 피를 나눈 형제보다 더 깊은 신뢰와 헌신을 다짐한 이 결의는 고난과 역경 속에서도 변치 않는 진정한 동지애와 인간애를 담고 있으며, 단순한 맹세를 넘어, 의리와 신뢰를 바탕으로 마음과 마음이 하나 되어, 함께 세상을 헤져나가고자 하는 결연한 의지를 담고 있는, 아름다운 표현이라 할 수 있습니다. 도원결의는 단순한 협력 관계를 넘어, 서로의 운명을 함께 하기로 약속하며 진정한 의리와 헌신을 다지는 것이 중요하다는 것을 깨닫게 하는 말입니다.

〚　**한자를 알면 뜻이 보인다**　〛

桃園結義 : 도원[桃][園]에서 의[義]형제를 맺음[結]
하나의 목적을 이루기 위해 굳게 맹세하고 의리를 다짐한다는 뜻.

한자 속 어휘의 발견

桃 : 복숭아 도, 10획 ─────────────── 부수: 木

나무 목(木)과 조짐 조(兆)가 합하여 이루어진 모습이며, '복숭아'나 '복숭아나무'를 뜻하는 글자이다.

도화(桃花) : 복숭화 도(桃)와 꽃 화(花)로, 복숭아나무의 꽃.
(예문) 뒷동산은 피기 시작한 도화로 온통 하얗게 물들었다.

園 : 동산 원, 13획 ─────────────── 부수: 囗

에운담 위(囗)와 옷 길 원(袁)이 합하여 이루어진 모습으로, '동산'이나 '뜰'이라는 뜻을 가진 글자이다.

전원(田園) : 밭 전(田)과 동산 원(園)으로, 시골이나 교외.
(예문) 도시에 사는 사람들은 전원생활을 동경한다.

結 : 맺을 결, 12획 ─────────────── 부수: 糸

가는 실 사(糸)와 길할 길(吉)이 합하여 이루어진 모습으로, '맺다' '모으다', '묶다'라는 뜻을 가진 글자이다. 실로 묶는다는 의미에서 '묶다'는 의미 생성되었으며, 후에 묶어서 끝맺었다는 의미로 '마치다', '맺다' 의미로 파생되었다.

결속(結束) : 맺을 결(結), 묶을 속(束)으로, 뜻이 같은 사람끼리 굳게 뭉침.
(예문) 김 부장은 부서원의 결속을 강화하고자 노력했다.

義 : 옳을 의, 13획 ─────────────── 부수: 羊

양 양(羊)과 나 아(我)가 합하여 이루어진 모습으로, 순수함을 상징하는 동물인 양을 자신에게 비유해 '옳다'나 '의롭다'라는 뜻을 가진 글자가 되었다.

의의(意義) : 뜻 의(意)와 옳을 의(義)로, 어떤 사실이나 행위 따위가 갖는 중요성이나 가치.
(예문) 이번 모임은 연구소의 전 인원이 참가했다는 점에서 큰 의의가 있다.

〚　　키워드로 보는 사자성어, #복숭아（桃）　　〛

만정도화(滿庭桃花) : 들에 가득한 복숭아꽃.
(예문) 간밤에 불던 바람에 만정도화가 다 졌다.

투도보리(投桃報李) : 복숭아를 보낸 보답으로 오얏을 보낸다는 뜻.
(예문) 선생님의 가르침에 감사하며, 투도보리의 정신으로 더 열심히 공부해야겠다.

무릉도원(武陵桃源) : 도연명의 도화원기에 나오는 가상의 이상향, 별천지를 비유.
(예문) 산 좋고 물 좋고 인심 좋으니 무릉도원이 따로 없구나.

〚　　도원결의, 이럴 때 이렇게　　〛

1. 이들은 도원결의처럼 서로의 운명을 함께하며, 어려운 상황에서도 굳건한 신뢰와 의리를 지켜나갔다.

2. 도원결의의 의미를 실천하며, 서로의 믿음과 헌신으로 어려운 시기를 함께 극복해 나가기로 했다.

3. 그들은 도원결의의 정신을 가지고 사업을 시작했으며, 함께 성공과 실패를 경험하며 더욱 강한 결속을 다졌다.

4. 도원결의를 맺은 동료들은 어려운 순간도 서로의 힘을 빌려 차근차근 이겨내었다.

5. 그들은 도원결의를 맺고 국가를 위해 목숨을 걸고 싸워나갔으며, 결국 전쟁에서 승리하여 평화를 되찾았다.

어려움이나 위험 속에서도
의로움을 지키고자 하는 강한 의지

捨生取義

사생취의

　사생취의(捨生取義)는 목숨을 버리고 의리를 취한다는 뜻으로, 의(義)를 위해 자신의 생명을 희생하는 것을 의미할 때 표현하는 성어입니다. 즉, 어떠한 어려움이나 위험 속에서도 올바른 도리를 지키고자 하는 강한 의지를 표현하는 말입니다. 현대 사회에서 사생취의는 직접적인 목숨을 버리는 행위보다는, 정의로운 사회를 만들기 위해 자신의 이익을 희생하거나 어려운 일을 감수하는 것으로, 해석할 수 있습니다. 우리나라 역사는 일제 강점기 독립운동과 6.25를 겪으면서 많은 생명의 희생으로 세워진 나라입니다. 이는 곧 사생취의 정신이, 우리 사회를 강인한 의로움과 신념으로 지금까지 뿌리 깊게 이어왔기 때문입니다. 지금 우리 모두에게는 사생취의라는 정신을 다시금 생각해야 하지 않을까 생각합니다.

〚　　　**한자를 알면 뜻이 보인다**　　　〛

捨生取義 : 목숨을[生] 버리고[捨] 의리[義]를 취한다[取]
　　　　　목숨을 버릴지언정 옳은 일을 함.

한자 속 어휘의 발견

捨 : 버릴 사, 11획 — 부수: 扌

손 수(手)와 집 사(舍)가 합하여 이루어진 모습으로, 손으로 집에 있는 것을 버리다는 의미에서 '버리다', '포기하다'라는 뜻을 가지게 되었다.

> 희사(喜捨) : 기쁠 희(喜)와 버릴 사(捨)로, 즐거운 마음으로 자기의 재물을 내놓음.
> (예문) 그는 거액을 수재민에게 희사하기로 했다.

生 : 날 생, 5획 — 부수: 生

땅 위로 새싹이 돋아나는 모습을 본뜬 것으로, '나다', '낳다', '살다'라는 뜻을 가진 글자이다.

> 생계(生計) : 날 생(生)과 셀 계(計)로, 살아갈 방도나 형편.
> (예문) 남편이 직장을 잃자 우리 가족은 생계가 막막해졌다.

取 : 가질 취, 8획 — 부수: 又

귀 이(耳)와 또 우(又)가 합하여 이루어진 모습으로, '얻다'나 '가지다'라는 뜻을 가진 글자이다. 전쟁에서 적군을 죽이면, 그 귀(耳)를 잘라 그 개수로 전공을 따졌던 것에서 '취하다'는 의미가 생성되었다.

> 채취(採取) : 캘 채(採)와 취할 취(取)로, 풀이나 나무, 어패류, 광물질 따위를 캐어냄.
> (예문) 사장은 산속에서 채취한 산나물을 건강식품으로 상업화하기를 원했다.

義 : 옳을 의, 13획 — 부수: 羊

양 양(羊)과 나 아(我)가 합하여 이루어진 모습으로, 순수함을 상징하는 동물인 양을 자신에게 비유해 '옳다'나 '의롭다'라는 뜻을 가진 글자가 되었다.

> 주의(主義) : 주인 주(主)와 옳을 의(義)로, 굳게 지키는 주장이나 방침.
> (예문) 나는 한번 시작한 일은 끝까지 포기하지 않는다는 주의로 이번 대회를 준비했다.

〚   키워드로 보는 사자성어, #목숨   〛

절체절명(絶體絶命) : 몸도 목숨도 다 된 것이라는 뜻.
〔예문〕 지금 우리는 죽느냐 사느냐 하는 절체절명의 위기에 놓여 있다.

함지사지(陷之死地) : 목숨이 위태로운 처지에 빠짐.
〔예문〕 그는 단식농성으로 인해 함지사지에 빠져 있다.

견위치명(見危致命) : 나라가 위태로울 때 제 몸을 나라에 바침.
〔예문〕 나라가 발전할 수 있었던 것은 순국선열들의 견위치명 때문이라 할 수 있다.

〚   사생취의, 이럴 때 이렇게   〛

1. 역사 속 많은 영웅들이 사생취의의 정신으로, 생명의 위협을 감수하고라도 정의를 위해 싸웠다.

2. 이 고귀한 희생은 사생취의의 상징이다. 그는 자신의 생명을 위험에 빠뜨리면서도 도리와 의리를 지키기 위해 헌신했다.

3. 모든 상황에서 사생취의를 실천하며, 자신의 생명보다 올바른 일을 우선시하는 태도가 우리 사회에 필요한 가치임을 깨달았다.

4. 병사들은 사생취의의 정신으로 국가와 가족을 보호하기 위해 싸웠다.

5. 그는 적지 않은 위협에도 불구하고 자신의 생명을 아끼지 않고, 원칙과 의리를 지키려는 모습을 보이며 사생취의의 자세를 보여주었다.

행동이나 결정을
의미 부여하여 정당화하는 강력한 신념

大義名分

대의명분

　대의명분(大義名分)은 큰 의리와 명분이라는 뜻으로, 사람으로서 마땅히 지켜야 할 중대한 의리와 본분을 강조할 때 표현하는 말입니다. 대의명분은 주어진 상황에서 개인의 이해관계나 감정적인 이유를 넘어서서, 보다 중요한 도덕적 원칙과 정당한 이유를 기준으로 삼아야 한다는 의미를 지니고 있습니다. 이는 단순한 개인적 동기나 감정보다, 큰 의미를 지닌 원칙과 사회적 규범에 따라 행동해야 한다는 것을 뜻합니다. 역사적 갈등의 소용돌이 속에서도 대의명분은 갈등의 이유가 무엇인지 묻고, 우리가 왜 이 길을 가야 하는지를 알려주는 자기성찰의 질문이기도 합니다. 또한 대의명분은 인간 본연의 도리와 정의를 탐구하는 여정 속에서 우리의 행동과 결정을 윤리적으로 가다듬는 역할을 합니다. 그러므로 대의명분은 이론적 개념이 아니라, 우리의 행동을 정당화하고 삶의 의미를 부여하는 강력한 신념이기도 합니다.

〚　**한자를 알면 뜻이 보인다**　〛

大義名分 : 큰[大] 의리와[義] 명분[名][分]
사람으로서 마땅히 지켜야 할 중대한 의리와 본분.

한자 속 어휘의 발견

大 : 큰 대, 3획 — 부수: 大

'크다'나 '높다', '많다', '심하다'와 같은 다양한 뜻으로 쓰이는 글자이다. 갑골문자에서 大는 양팔을 크게 벌리고 있는 사람을 형상화한 것이다.

> 대폭(大幅) : 큰 대(大)와 폭 폭(幅)으로, 이전과 비교해서 큰 차이가 나게.
> (예문) 그는 졸업 논문의 내용을 대폭 수정했다.

義 : 옳을 의, 3획 — 부수: 羊

양 양(羊)과 나 아(我)가 합하여 이루어진 모습으로, 순수함을 상징하는 동물인 양을 자신에게 비유해 '옳다', '의롭다'라는 뜻을 가진 글자가 되었다.

> 의거(義擧) : 옳을 의(義)와 들 거(擧)로, 정의를 위하여 일으키는 의로운 일.
> (예문) 온 국민이 의거하여 독재 정권에 맞섰다.

名 : 이름 명, 6획 — 부수: 口

저녁 석(夕)과 입 구(口)가 합하여 이루어진 모습이다. 어두운 저녁 저 멀리 오는 누군가를 식별하기 위해 이름을 불러본다는 의미에서 '이름'이나 '평판'이라는 뜻을 가지게 되었다.

> 명분(名分) : 이름 명(名)과 분수 분(分)으로, 도덕적으로 마땅히 지켜야 할 도리.
> (예문) 외교부 장관은 명분 외교와 실리 외교 사이에서 갈등하였다.

分 : 나눌 분, 4획 — 부수: 刀

여덟 팔(八)와 칼 도(刀)가 합하여 이루어진 모습이며, 칼로 나눈다는 의미에서 '나누다'나 '베풀어 주다'라는 뜻을 갖게 되었다. 八은 숫자 8을 뜻하지만, 어떤 사물을 절반으로 가른 모습을 형상화한 것이기도 하다.

> 분열(分裂) : 나눌 분(分)과 찢을 열(裂)로, 단체·집단이나 사상 따위가 갈라져 나뉨.
> (예문) 우리가 이번 선거에서 승리하려면 당내 분열을 막아야 한다.

〚　　키워드로 보는 사자성어, #명분　　〛

간명범의(干名犯義) : 명분을 거스리고 신의를 배반하는 행위
(예문) 조국을 배반하는 간명범의를 행하느니 차라리 목숨을 내놓겠다.

명정언순(名正言順) : 명분이 바르고 말이 사리에 맞음.
(예문) 그 정치인은 항상 명정언순하여 지역 주민에게 큰 지지를 받고 있다.

춘추필법(春秋筆法) : 대의명분을 밝혀 세우는 사필(史筆)의 논법.
(예문) 춘추필법을 현대의 저널리즘에 접목시킨 그의 업적은 주목할만하다.

〚　　대의명분, 이럴 때 이렇게　　〛

1. 그 장군은 전쟁 중 자신의 생명을 위험에 빠뜨리면서도 국가의 대의명분을
   지키기 위해 싸웠다. 그의 용기와 헌신은 대의명분의 상징이 되었다.

2. 그의 결정은 개인적인 감정이나 이익을 넘어서, 명확한 대의명분과 도덕적
   원칙에 따라 내려졌다. 이는 신뢰할 수 있는 리더십의 표본이 된다.

3. 정치적 논쟁에서 그 후보자는 대의명분을 명확히 하여, 단순한 인기나 개인적인
   이득을 넘어서 국민 전체의 이익을 고려한 정책을 제시했다.

4. 민주주의의 가치를 지키기 위해 많은 사람들이 자신의 개인적인 안락을
   포기하고 대의명분을 위해 헌신했다.

5. 사람을 설득하려면, 실리뿐만 아니라 대의명분도 갖춰야 한다.

넷째 마당

겉과 속

물길 속은 알아도
사람 속은 모른다.

사람은 다층적인 구조를 가진 한 권의 책과 같습니다.
표지는 단지 첫인상일 뿐, 책의 진정한 가치는 페이지를 넘길수록
드러나는 이야기 속에 숨어 있습니다.
사람 또한 섬세한 교감을 통해 그 내면의
다양한 이야기를 발견해야 비로소 온전히 이해될 수 있습니다.

겉으로는 그럴듯하게 보이지만, 실속은 가치가 없음을 표현할 때

有名無實

유명무실

유명무실(有名無實)은 이름만 있고 실속은 없다는 뜻으로, 겉으로는 그럴듯하게 보이지만 실제로는 아무런 내용이나 가치가 없다는 의미로 표현할 때 사용하는 말입니다. 어떤 사람이나 조직, 사물 등이 명목상으로는 높은 평가를 받거나 유명하지만, 실제로는 그에 따른 실질적인 내용이나 성과가 부족하다는 것을 의미합니다. 즉, 외형적인 명성이나 이미지는 있으나 실제로는 그만큼의 실속이나 실질적인 내용이 없는 상태를 나타냅니다. 이는 겉으로 드러나는 것과 실제 상황 간의 불일치를 지적하는 개념입니다. 화려한 말과 이름 뒤에 숨겨진 진실의 부재는 결국 그 모든 화려함을 무의미하게 만듭니다. 중요한 것은, 외양이 아닌 내실이라는 것을, 사람도, 사물도, 사회적 제도도 겉모습에 속지 않고 그 안에 담긴 실질적인 내용을 봐야 한다는 것입니다. 유명무실은 번지르르한 겉모습에 현혹되지 않고, 참된 가치와 진정성을 추구하는 삶의 자세와 지혜를 깨닫게 하는 표현입니다.

〖   한자를 알면 뜻이 보인다   〗

有名無實 : 이름[名]만 있고[有] 실속[實]은 없음[無]
겉만 그럴듯하고 실속은 없다.

➡ **한자 속 어휘의 발견** ⬅

有 : 있을 유, 6획 ──────────────────────── 부수: 月

또 우(又)와 육달 월(月)이 합하여 이루어진 모습으로 '있다', '존재하다', '가지고 있다', '소유하다'라는 뜻을 가진 글자이다. 손에 고깃덩이를 들고 있는 모양에서 '가지고 있다'라는 소유의 의미가 생성되었다.

점유율(占有率) : 점령할 점(占), 있을 유(有), 비율 률(率)로, 물건이나 영역, 지위 따위를 차지하고 있는 비율.
〔예문〕 두 가전 회사는 냉장고 시장 점유율에서 앞서거니 뒤서거니 하며 각축을 벌여 왔다.

名 : 이름 명, 6획 ──────────────────────── 부수: 口

저녁 석(夕)과 입 구(口)가 합하여 이루어진 모습이다. 어두운 저녁 저 멀리 오는 이를 식별하기 위해 이름을 불러본다는 의미에서 '이름'이나 '평판'이라는 뜻을 갖게 되었다.

명목(名目) : 이름 명(名)과 눈 목(目)으로, 표면에 내세우는 형식상의 구실이나 근거.
〔예문〕 일제 강점기에는 지원병이라는 명목 아래, 강제 징용이 이루어졌다.

無 : 없을 무, 12획 ─────────────────────── 부수: 灬

춤출 무(舞)의 초문으로서, 가뭄 때 춤을 추면서 비를 기원하는 것을 의미한다. 가뭄이 들어 물이 없기 때문에, '없다'의 의미를 갖게 되었다.

무려(無慮) : 없을 무(無)와 생각할 려(慮)로, 생각했던 것보다 훨씬 많이.
〔예문〕 올해의 석유 수입 물량은 작년에 비해 무려 세 배나 증가하였다.

實 : 열매 실, 14획 ────────────────────── 부수: 宀

집 면(宀)과 꿸 관(貫)이 합하여 이루어진 모습이다. 본래 집안에 재물을 넣는 궤짝의 모양에 화폐의 상징인 '貝'를 더한 것으로, 중요한 재물의 의미로 인해 '실질', '열매', '재물' 등의 뜻을 갖게 되었다.

구실(口實) : 입 구(口)와 열매 실(實)로, 핑계로 삼을 조건이나 변명할 거리.
〔예문〕 그는 틈만 나면 술 마실 구실을 찾았다.

〖　　키워드로 보는 사자성어, #실속　　〗

허명무실(虛名無實) : 헛된 이름뿐이고 실속이 없음.
[예문] 우리 회사에서 이사라는 직책은 실상 허명무실하다.

허장성세(虛張聲勢) : 실속은 없으면서 큰소리치거나 허세를 부림.
[예문] 이 분야에 대해서는 모르는 게 없다던 그의 말은 허장성세였다.

매문매필(賣文賣筆) : 돈을 벌기 위해 실속 없는 글을 짓거나 글씨를 써서 팖.
[예문] 민기의 아내는 그에게 매문매필해서라도 돈을 벌어 오라고 소리를 쳤다.

〖　　유명무실, 이럴 때 이렇게　　〗

1. 장애인 주차 구역의 불법 주정차를 막기 위해 시행 중인 현장 단속이 유명무실하다는 지적이다.

2. 사회 취약 계층의 국내 여행을 지원하기 위한 여행 바우처 제도가 유명무실한 것으로 나타났다.

3. 그 정치인은 유명한 연설가로 알려져 있지만, 실제로는 정책이나 성과가 부족하여 유명무실의 전형을 보여준다.

4. 그 레스토랑은 고급스러운 인테리어로 유명하지만, 음식 맛은 평범해서 유명무실한 명성에 불과하다.

5. 그는 화려한 이력과 명성을 가지고 있지만, 실제 업무 능력이나 실질적인 성과가 부족해 유명무실의 사례가 되었다.

겉으로 드러나는 모습과 내면이
일치하지 않는 상태를 표현할 때

表裏不同

표리부동

　　표리부동(表裏不同)은 겉과 속이 같지 않다는 뜻으로, 겉으로 드러나는 모습과 속에 감추어진 본심이 일치하지 않을 때 표현하는 성어입니다. 겉으로는 긍정적이고 올바른 태도를 보이지만, 실제로는 내면이 다르거나 이중적인 태도를 가진 경우를 말합니다. 이 표현은 외적인 이미지와 실질적인 행동이나 태도 간의 불일치를 지적하며, 위선적이거나 불성실한 태도를 비판할 때 사용됩니다. 표리부동은 겉과 속이 다른 사람에게 주는 묵직한 경고의 말이며, 표면의 고운 장막 뒤에 숨은 진실을 꿰뚫어 보라는 가르침이자, 가면을 벗고 투명한 마음으로 세상을 마주할 때 비로소 진정한 신뢰와 존경을 얻을 수 있음을 일깨워주는 말이기도 합니다. 사람의 진정한 가치는 내면의 진실에 있음을 알아야 하며, 겉과 속이 일치하는 삶이야말로 진정한 인간관계의 기초임을 알아야 합니다.

[　한자를 알면 뜻이 보인다　]

表裏不同 : 겉과[表] 속이[裏] 같지[同] 않음[不]
　　　　　마음이 음흉하여 겉과 속이 다름.

한자 속 어휘의 발견

表 : 겉 표, 8획 — 부수: 衣

옷 의(衣)와 털 모(毛)가 합하여 이루어진 모습이다. 본래 毛(모)가 土(토)로 변한 것으로, 동물의 털로 만든 겉옷의 의미에서 '겉'이나 '바깥'이라는 뜻을 갖게 된 것이다.

표명(表明) : 겉 표(表)와 밝을 명(明)으로, 생각이나 태도를 드러내어 명백히 밝힘.
(예문) 국무총리의 유감 표명에 대해 국민들은 만족하지 않는 것 같다.

裏 : 속 리(이), 13획 — 부수: 衣

옷 의(衣)와 마을 리(里)가 합하여 이루어진 모습으로, 옷의 안쪽을 의미하여 '속'이나 '내부'라는 뜻을 가진 글자로 쓰이고 있다.

회리(懷裏) : 품을 회(懷)와 속 리(裏)로, 속에 품고 있는 마음.
(예문) 그는 술이 조금 들어가자 그녀에게 회리를 털어놓기 시작했다.

不 : 아닐 부(불), 4획 — 부수: 一

땅속으로 뿌리를 내린 씨앗을 본뜬 것으로, 아직 싹을 틔우지 못한 상태라는 의미에서 '아니다'나 '못하다', '없다'라는 뜻을 갖게 되었다.

부득이(不得已) : 아닐 부(不)와 얻을 득(得), 그칠 이(已)로, 마지못해 어쩔 수 없이.
(예문) 드라마 제작상의 문제로 이번 회는 부득이하게 결방했다.

同 : 한가지 동, 6획 — 부수: 口

무릇 범(凡)과 입 구(口)가 합하여 이루어진 모습이다. 口(구)를 제외한 부분은 덮어 가린 일정한 장소의 의미로, 사람들[口]이 일정 장소에 '모이다'는 의미로 생성되었으며, 후에 함께 모였다는 의미에서 '한가지', '같다' 등의 의미가 파생되었다.

동정(同情) : 한가지 동(同)과 뜻 정(情)으로, 남의 어려움을 딱하고 가엾게 여김.
(예문) 불쌍한 사람을 동정하는 것은 인지상정 아니겠습니까?

〚　　　키워드로 보는 사자성어, #겉 표(表)　　〛

표리일체(表裏一體) : 겉과 속이 같음.
(예문) 그 두 단체는 표리일체하는 한 덩어리로 보면 된다.

표이출지(表而出之) : 겉으로 두드러지게 드러남.
(예문) 그는 좋지 않은 감정이 표이출지하게 얼굴에 나타났다.

표리상응(表裏相應) : 생각이나 방법 따위가 안팎에서 서로 잘 맞음
(예문) 그 두 단체는 표리상응하여 이번 행사를 공동 진행하기로 하였다.

〚　　　표리부동, 이럴 때 이렇게　　〛

1. 그 직원은 상사와 동료들 앞에서는 항상 친절하고 협조적이지만, 실제로는 비밀리에 반대 의견을 품고 있어 표리부동의 전형적인 사례가 되었다.

2. 몇 년을 알고 지낸 친구라고 생각했는데 그런 식으로 배신하다니 그 사람도 참으로 표리부동한 사람이었구나!

3. 정치인들은 선거 공약에서 국민을 위한 정책을 약속했지만, 실제로는 개인적인 이익을 추구하는 모습이 드러나 표리부동의 문제를 일으켰다.

4. 그 친구는 겉으로는 항상 긍정적이고 지지적인 말만 하지만, 실제로는 비판적이고 비관적인 생각을 가지고 있어 표리부동의 대표적인 예다

5. 회사의 공식 발표에서는 환경 보호를 강조하지만, 실제로는 환경 규제를 무시하고 이윤 추구에만 집중하는 모습이 표리부동의 사례이다.

겉과 속이 달라
말과 행동이 일치하지 않는 상황을 표현할 때

羊頭狗肉

양두구육

양두구육(羊頭狗肉)은 양의 머리를 걸어놓고 개고기를 판다는 뜻으로, 겉으로는 훌륭한 것처럼 보이지만, 실제로는 그렇지 않거나, 말과 행동이 일치하지 않을 때 표현하는 성어입니다. 이 표현은 사람, 제품, 서비스, 또는 상황 등이 외형적으로는 우수하거나 고급스러운 것처럼 보이지만, 실제로는 그렇지 않다는 것을 지적하는 표현입니다. 어떤 기업이 홍보에는 높은 품질의 제품을 내세우지만, 실제로는 낮은 품질의 제품을 판매하는 경우, 또는 어떤 사람이 겉으로는 매우 친절하고 도와주는 것처럼 행동하지만, 실제로는 그렇지 않은 경우에 사용됩니다. 양두구육은 화려한 외면에 속지 말고, 그 속에 감추어진 진실을 파악하고 있어야 하며, 사람들을 현혹하는 겉모습 뒤에는 가식과 기만이 숨어 있을 수 있음을 경고하는 메시지입니다. 참된 가치는 외형이 아닌 내실에서 나오는 만큼, 진정한 신뢰와 존경은 꾸밈없는 진실한 마음에서 비롯됩니다. 세상의 겉치레와 화려함보다는 본질을 바라보는 지혜가 있기를 바라는 마음입니다.

[**한자를 알면 뜻이 보인다**]

羊頭狗肉 : 양[羊] 머리[頭]를 걸어놓고 개고기[狗][肉]를 판다
겉은 훌륭해 보이나 속은 그렇지 못하거나 말과 행동이 일치하지 않음.

한자 속 어휘의 발견

羊 : 양 양, 6획 — 부수: 羊

'양'이나 '상서롭다'라는 뜻을 가진 글자다. 양의 머리를 정면에서 바라본 모습을 그린 것으로 구부러진 뿔이 특징적이다.

양갱(羊羹) : 양 양(羊)과 국 갱(羹)으로, 설탕, 팥을 넣고 반죽하여 만든 과자.
(예문) 터미널에 내리자마자 할머니가 좋아하시는 양갱을 샀다.

頭 : 머리 두, 16획 — 부수: 頁

콩 두(豆)와 머리 혈(頁)이 합하여 이루어진 모습으로, '머리'나 '꼭대기', '처음'이라는 뜻을 가진 글자이다.

교두보(橋頭堡) : 다리 교(橋), 머리 두(頭), 작은 성 보(堡)로, 진출하기 위한 발판을 비유적으로 이르는 말.
(예문) 이번 계약으로 우리 회사는 외국에 진출할 교두보를 확보했다.

狗 : 개 구, 8획 — 부수: 犭

개 견(犬)과 글귀 구(句)가 합하여 이루어진 모습으로, '개'나 '강아지'라는 뜻을 가진 글자이다.

이전투구(泥田鬪狗) : 진흙탕에서 싸우는 개라는 뜻
(예문) 정치권은 여전히 이전투구의 양상을 보여주고 있다.

肉 : 고기 육, 6획 — 부수: 肉

고깃덩어리에 칼집을 낸 모양을 그린 것으로 '고기'라는 뜻을 갖고 있다. 그러나 肉자는 단독으로 쓰일 때만 고기를 뜻하고 다른 글자와 결합할 때는 주로 사람의 신체 일부를 의미한다.

육탄(肉彈) : 고기 육(肉)과 탄환 탄(彈)으로, 몸을 탄환 삼아 적진을 공격하는 일.
(예문) 군사들은 적의 무차별 공격에 맞서기 위해 마지막까지 육탄으로 저항했다.

〚　　키워드로 보는 사자성어, #양(羊)　　〛

망양보뢰(亡羊補牢) : 양을 잃고서 그 우리를 고친다는 뜻.
(예문) 경제 위기가 닥치고 나서야 부실기업을 정리하는 것은 망양보뢰다.

독서망양(讀書亡羊) : 책을 읽느라 양을 잃어버렸다는 뜻.
(예문) 독서망양이라고 그는 소설책에 빠져서 밥 먹는 시간도 잊어버렸다.

구절양장(九折羊腸) : 양의 창자처럼 이리저리 꼬부라지고 험한 산길.
(예문) 깊은 산속으로 들어가는 길은 구절양장처럼 험해서 조심해야 한다.

〚　　양두구육, 이럴 때 이렇게　　〛

1. 그 가게는 고급 양고기 식당이라고 광고했지만, 실제로는 질 낮은 고기를 사용해 양두구육의 전형적인 사례였다.

2. 이번 신제품은 화려한 광고에 비해 성능 면에서는 양두구육인 것 같아 실망스럽다.

3. 이 브랜드는 고급스러운 패키지와 광고로 소비자들을 끌어들이지만, 실제 제품의 품질이 낮아 양두구육이라는 비판을 받고 있다.

4. 그 정치인은 국민을 위해 일하겠다고 공언했지만, 실제로는 개인의 이익만 추구해 양두구육의 문제를 일으켰다.

5. 그렇게 좋다고 소문난 식당이었지만, 음식이 양두구육이어서 기대에 못 미쳤다.

같은 상황에서도 생각과 목표가 달라
협력하기 어려운 상황일 때

同床異夢

동상이몽

　동상이몽(同床異夢)은 같은 침상에서 서로 다른 꿈을 꾼다는 뜻으로, 겉으로는 같은 상황에 있고 같은 일을 하는 것처럼 보이지만, 속으로는 서로 다른 생각이나 목표를 가지고 있음을 표현할 때 사용하는 성어입니다. 예를 들어, 두 명이 같은 프로젝트에 참여하고 있지만, 한 사람은 사업의 이익을 최대화하는 것을 목표로 하고, 다른 사람은 사회적 가치를 중시하며 목표가 다를 때, 동상이몽의 상황을 말합니다. 우리는 같은 상황이나 환경에 처해 있어도 사람들 간의 목표와 생각이 다를 수 있음을 인식해야 합니다. 단순히 같은 목표를 공유한다고 해서 협력이 자연스럽게 이루어지지 않으며, 진정한 협력을 위해서는 각자의 생각과 비전을 명확히 이해하고 조율하는 과정이 필요합니다. 서로 다른 의견이나 목표가 존재할 때는 소통과 공감이 중요하며 이를 통해 공동의 목표를 향해 조화롭게 협력해야 한다는 것이 동상이몽이 우리에게 전해주는 메시지입니다.

〚　　한자를 알면 뜻이 보인다　　〛

同床異夢 : 같은[同] 평상[床]에서 서로 다른[異] 꿈[夢]을 꾼다.
　　　　　겉으로는 같이 행동하면서 속으로는 각기 다른 생각을 함.

한자 속 어휘의 발견

同 : 한가지 동, 6획 ─── 부수: 口

무릇 범(凡)과 입 구(口)가 합하여 이루어진 모습이다. 口를 제외한 부분은 덮어 가린 일정한 장소의 의미로, 사람들[口]이 일정 장소에 '모인다'는 의미가 생성되었으며, 후에 함께 모였다는 의미에서 '한가지', '같다' 등의 의미가 파생되었다.

동질성(同質性) : 한가지 동(同), 바탕 질(質), 성품 성(性)으로, 같은 성질이나 특성.
(예문) 남북한 간에 민족적 동질성을 회복하는 일이 가장 시급한 과제입니다.

床 : 평상 상, 7획 ─── 부수: 广

집 엄(广)과 나무 목(木)이 합하여 이루어진 모습으로, '평상'이나 '마루'라는 뜻을 가진 글자이다. 본래 '평상'의 의미인 牀(상)의 속자다.

온상(溫床) : 따뜻할 온(溫)과 평상 상(床)으로, 어떤 사물 또는 사상 따위가 발생하기 쉬운 환경.
(예문) 심야 영업을 하는 업소들은 청소년 범죄의 온상이 되기도 한다.

異 : 다를 이(리), 11획 ─── 부수: 田

밭 전(田)과 함께 공(共)이 합하여 이루어진 모습으로, 물건을 차등하여 지급할 상태를 표현해 '다르다'나 '기이하다'라는 뜻을 가지게 되었다.

이변(異變) : 다를 이(異)와 변할 변(變)으로, 전혀 예상치 못한 사태.
(예문) 이번 대회는 신생팀이 강력한 우승 후보를 누르고 결승전에 오르는 등 이변을 낳았다.

夢 : 꿈 몽, 13획 ─── 부수: 夕

풀 초(艹)와 눈 목(目), 덮을 멱(冖), 저녁 석(夕)이 합하여 이루어진 모습으로, '꿈'이나 '공상', '흐리멍덩하다'라는 뜻을 가진 글자이다. 밤에 누워서 잠을 자다가 꿈을 꾸고 놀라 눈이 번쩍 떠진 모양에서 '꿈'의 의미가 생성되었다.

미몽(迷夢) : 미혹할 미(迷)와 꿈 몽(夢)으로, 꿈을 꾸거나 무엇에 홀린 듯 정신이 맑지 못하고 얼떨떨한 상태.
(예문) 그녀는 사랑의 미몽에서 깨어나 자신의 이성을 되찾았다.

〚　　키워드로 보는 사자성어, #꿈（夢）　　〛

비몽사몽(非夢似夢) : 완전히 잠이 들지도 잠에서 깨어나지도 않아 정신이 어렴풋한 상태.
　(예문) 여행 첫날은 시차 때문에 비몽사몽으로 보내서 그런지 별 감흥이 없었어요.

몽매지간(夢寐之間) : 잠을 자며 꿈을 꾸는 동안.
　(예문) 아버지는 몽매지간에도 고향을 몹시 그리워했다.

몽중몽설(夢中夢說) : 꿈속에서 말하듯 무엇을 말하는지 종잡을 수 없게 이야기함.
　(예문) 선미는 자초지종을 설명하였으나 선생님은 몽중몽설 알아듣지 못한 표정이었다.

〚　　동상이몽, 이럴 때 이렇게　　〛

1. 그들은 같은 프로젝트에 참여했지만, 각자가 다른 방향으로 계획을 세워 동상이몽이 되어 협업이 어려워졌다.

2. 저들이 지금은 함께 고생하고 있지만 각자 꿍꿍이속들이 있어 서로 동상이몽을 하고 있다.

3. 뉴스에서는 여러 나라 정상들이 정책을 조율하려고 노력했지만, 결국 동상이몽에 빠져 합의에 이르지 못했다고 전했다.

4. 기업의 핵심을 담당하는 경영자와 노동자가 서로 동상이몽을 하며 제각기 다른 집착에서 빠져나오지 못하고 있다.

5. 그 두 정치인은 같은 정책을 추진한다고 했지만, 실제로는 각기 다른 이익을 추구하고 있어 동상이몽의 문제를 보였다.

겉으로는 변화를 주면서도
실질적으로는 차이가 없는 상황일 때

朝三暮四

조삼모사

조삼모사(朝三暮四)는 아침에는 셋, 저녁에는 넷을 준다는 뜻으로, 겉으로는 다른 것처럼 보이지만, 실제로는 같은 것임에도 불구하고 그 차이만을 따져 이익을 보려는 속임수를 표현할 때 사용하는 성어입니다. 즉, 어떤 것이 본질적으로는 동일하거나 변화가 없지만, 표면적으로는 다른 방식이나 조건을 제시하여 실질적인 변화가 이루어지지 않는 경우를 의미합니다. 예를 들어, 어떤 회사가 직원들에게 임금 인상을 약속하면서도 실질적인 인상 폭은 미미하고, 단지 임금 인상 시점을 바꾸는 것만으로 사람들을 만족시키려는 경우입니다. 마치 '눈을 가리고 아웅 하는 격'이라는 속담처럼, 외형적으로는 변화가 있는 것처럼 보이지만, 실질적으로는 아무런 차이가 없이 상대방을 속이려는 술책을 말합니다. 겉으로는 작은 차이를 내세우며 사람들의 주의를 흐리지만, 본질적으로는 진실을 왜곡하여 혼란을 초래하는 것이 조삼모사의 핵심입니다. 이에 속지 않기 위해서는 항상 진실을 꿰뚫어 보는 지혜의 눈을 가져야 합니다.

〖 **한자를 알면 뜻이 보인다** 〗

朝三暮四 : 아침[朝]에 세 개[三] 저녁[暮]에 네 개[四]
자기의 이익을 위해 교활한 꾀를 써서 남을 속이고 놀리는 것을 말함.

한자 속 어휘의 발견

朝 : 아침 조, 12획 ─────────────────────────── 부수: 月

풀 초(艹)와 해 일(日), 달 월(月)이 합하여 이루어진 모습으로, 해가 떠서 햇빛을 빛내기 시작한다는 뜻에서 '아침'이라는 뜻을 가지게 되었다.

> 조반(朝飯) : 아침 조(朝)와 밥 반(飯)으로, 아침에 끼니로 먹는 밥.
> (예문) 그는 아침 일찍 조반을 지어 먹고 출근을 했다.

三 : 석 삼, 3획 ─────────────────────────── 부수: 一

'셋'이나 '세 번', '거듭'이라는 뜻을 가진 글자로, 나무막대기 세 개를 늘어놓은 모습을 그린 것이다.

> 삼류(三流) : 석 삼(三)과 흐를 류(流)로, 어떠한 부류에서 그 수준이 가장 낮은 층.
> (예문) 재홍이는 삼류 연애 소설에나 나올 법한 이야기를 많이 알고 있다.

暮 : 저물 모, 14획 ─────────────────────────── 부수: 日

없을 막(莫)과 해 일(日)이 합하여 이루어진 모습으로, 해가 없음은 곧 날이 저물었음을 의미한다.

> 박모(薄暮) : 엷을 박(薄)과 저물 모(暮)로, 해가 진 뒤 살짝 어둠이 깔린 상태.
> (예문) 박모의 어스름이 아직 감도는데도 처마 밑에는 전등이 켜져 있었다.

四 : 넉 사, 5획 ─────────────────────────── 부수: 囗

숫자 '넷'을 뜻하는 글자이며, 갑골문을 보면 긴 막대기 네 개를 그린 亖(넉 사)가 그려져 있다.

> 사지(四肢) : 넉 사(四)와 사지 지(肢)로, 두 팔과 두 다리를 아울러 이르는 말.
> (예문) 호랑이 선생님의 서릿발 같은 호통에 나는 사지가 다 벌벌 떨렸다.

〚 키워드로 보는 사자성어, #아침(朝) / 저녁(夕) 〛

조령모개(朝令暮改) : 아침에 명령을 내렸다가 저녁에 다시 고친다는 뜻
(예문) 이번에 또다시 새 법령이 발표되면 조령모개의 정치적 혼란이 생길 것입니다.

조석변개(朝夕變改) : 아침저녁으로 뜯어고친다는 뜻.
(예문) 직장 상사의 조석변개 때문에 부하 직원들이 고생한다.

일조일석(一朝一夕) : 하루아침이나 하루 저녁이라는 뜻으로, 짧은 시일을 이르는 말.
(예문) 아무리 세상이 변한다고 해도 그 근본이 일조일석에 바뀌는 것은 아니다.

〚 조삼모사, 이럴 때 이렇게 〛

1. 그 식당은 메뉴를 새로 개편했다고 홍보했지만, 실제로는 메뉴 이름만 바뀌었을 뿐 내용에는 변화가 없어 조삼모사의 예시라고 할 수 있다.

2. 그 기업은 고객에게 새로운 혜택을 제공한다고 광고했지만, 실제로는 조건이 복잡하고 혜택이 거의 없어 조삼모사로 평가받았다.

3. 마케팅 전략으로 제품의 포장만 바꿔서 판매하는 것은 조삼모사와 다를 바 없다.

4. 회사는 직원들에게 연봉 인상을 약속했지만, 실상은 세금 공제와 추가 부담을 통해 인상폭이 미미한 수준이라서 조삼모사에 불과했다.

5. 정부에서는 세금을 인상하는 대신 공공 서비스를 확대한다고 하지만, 조삼모사와 같은 느낌이 든다.

겉으로는 달콤하게 말하고
속으로는 칼을 품은 사람을 표현할 때

口蜜腹劍

구밀복검

    구밀복검(口蜜腹劍)은 입에는 꿀이 있는 뱃속에는 칼을 품고 있다는 뜻으로, 겉으로는 친절하고 다정하게 행동하지만, 속으로는 상대방에게 해를 가하려는 이중적인 태도를 가진 사람을 표현할 때 사용하는 성어입니다. 구밀복검의 표현은 마치 황금빛 비단으로 감싼 칼처럼, 표면의 매혹적인 아름다움 속에 감춰진 위험과 음모를 경고하는 메시지입니다. 꿀처럼 달콤한 외면과 칼처럼 날카로운 내면이 상반된 모습을 지닌 사람들은, 외적인 친절과 위선으로 상대방의 신뢰를 얻으려 하지만, 그 속내에는 배신과 음모가 숨어 있는 경우가 많습니다. 사람은 진정성과 신뢰를 간직하려면 겉으로 드러나는 것에만 의존하지 않고, 그 이면에 숨겨진 진실을 파악해야 한다는 가르침을 주고 있는 말입니다.

〚　　　한자를 알면 뜻이 보인다　　　〛

口蜜腹劍 : 입[口]에는 꿀[蜜]이 있고 배[腹] 속에는 칼[劍]이 있음.
말로는 친한 척하지만, 속으로는 해칠 생각이 있음.

→ 한자 속 어휘의 발견 ←

口 : 입 구, 3획 ─────────────────── 부수: 口

'입'이나 '입구', '구멍'이라는 뜻을 가진 글자로, 사람의 입 모양을 본떠 그린 것이기 때문에 '입'이라는 뜻을 갖게 되었다.

구호(口號) : 입 구(口)와 부를 호(號)로, 집회나 시위 등에서 어떤 요구나 주장 따위를 나타내는 간결한 말.
(예문) 시위대는 구호를 외치며 거리로 달려나왔다.

蜜 : 꿀 밀, 14획 ─────────────────── 부수: 虫

잠잠할 밀(宓)과 벌레 충(虫)이 합하여 이루어진 모습으로, '꿀'이나 '꿀벌'이라는 뜻을 가진 글자이다.

밀애(蜜愛) : 꿀 밀(蜜)과 사랑 애(愛)로, 꿀과 같이 달콤하고 즐거운 사랑.
(예문) 그녀와 밀애를 나누던 2년 동안이 내 생애 가장 행복한 순간이었다.

腹 : 배 복, 13획 ─────────────────── 부수: 月

육달 월(月)과 돌아올 복(复)이 합하여 이루어진 모습으로, 오장육부 중 하나인 '배'를 뜻하는 글자이다.

공복(空腹) : 빌 공(空)과 배 복(腹)으로, 음식물이 모두 소화되어 뱃속이 비어 있는 상태.
(예문) 그 약은 하루 3회 공복에 먹어야 한다.

劍 : 칼 검, 15획 ─────────────────── 부수: 刂

다 첨(僉)과 칼 도(刂)가 합하여 이루어진 모습으로, '칼'이나 '베다'라는 뜻을 가진 글자이다. 劍(검)은 양날의 다소 큰 칼이고, 刀(도)는 한쪽 날의 작은 칼을 의미한다.

검객(劍客) : 칼 검(劍)과 손 객(客)으로, 칼을 쓰는 무술에 능한 사람.
(예문) 그는 오랜 수련 끝에 조선에서 이름난 검객이 되었다.

〚　키워드로 보는 사자성어, #입（口）　〛

이구동성(異口同聲) : 입은 다르나 목소리는 같다는 뜻.
[예문] 아이들은 이구동성으로 나에게 재미있는 이야기를 해 달라고 졸랐다.

중구난방(衆口難防) : 여러 사람의 입은 막기가 어렵다는 뜻.
[예문] 중구난방으로 저마다 한마디씩 떠들어 대니 회의 진행이 안 된다.

호구지책(糊口之策) : 입에 풀칠할 방책. 대책.
[예문] 그는 사업을 하던 사람이었지만 지금은 목수일로 호구지책을 삼는 처지가 되었다.

〚　구밀복검, 이럴 때 이렇게　〛

1. 그는 상사에게는 늘 달콤한 말만 하면서, 뒤에서는 음흉한 계획을 꾸미는 구밀복검의 전형적인 인물이다.

2. 그녀는 언제나 웃음을 짓고 다니지만, 사실 구밀복검 같은 사람이야.

3. 그 정치인은 유권자들에게는 항상 친절하고 긍정적인 말을 하지만, 실제로는 자신의 이익만을 챙기는 구밀복검의 태도를 보였다.

4. 그의 친절한 모습 뒤에 숨겨진 구밀복검 같은 본색을 발견했을 때, 나는 놀라움과 실망을 동시에 느꼈다.

5. 그 회사의 CEO는 언론 앞에서는 회사를 위해 노력한다고 말하지만, 실제로는 직원들을 부당하게 대우하며 구밀복검의 행동을 보였다.

겉으로는 복종하면서,
속으로는 배신하는 행동을 표현할 때

面從腹背

면종복배

면종복배(面從腹背)는 겉으로는 순종하고, 속으로는 배신한다는 뜻으로, 겉으로는 순종하거나 동의하는 척하지만, 실제로는 반대하거나 속으로 다른 생각을 하고 있는 행동을 표현할 때 사용하는 말입니다. 예를 들어, 회사에서 상사가 직원에게 업무 지시를 할 때, 직원이 겉으로는 지시를 따르는 듯 보이지만, 실제로는 그 지시를 따르지 않거나 은밀히 반대하는 경우가 면종복배입니다. 사람들은 서로에게 존경을 표현하면서도, 속으로는 시기와 질투, 그리고 자신만의 이익을 추구합니다. 그 이중적인 태도는 마치 정교하게 가려진 기만의 장막을 두른 것처럼, 외부와 내부의 간극을 보여줍니다. 이들은 속마음의 칼날은 감춘 채, 겉으로는 온화하고 친절한 얼굴을 유지하면서 그 안에서는 깊은 배반의 감정이 흐르고 있습니다. 면종복배는 이러한 사람의 두 얼굴을 가지고 있는 이중성을 표현하는 말이며, 진정성과 신뢰를 기반으로 사람과의 관계 형성이 중요하다는 것을 가르치는 지혜의 말입니다.

〖 **한자를 알면 뜻이 보인다** 〗

面從腹背 : 겉으로는[面] 따르고[從] 속으로는[腹] 배신함[背]
겉으로는 복종하는 체하면서 마음속으로는 배반함.

한자 속 어휘의 발견

面 : 낯 면, 9획 ──────────────────── 부수: 面

갑골문을 보면 길쭉한 타원형 안에 하나의 눈만이 그려져 있다. 사람의 얼굴을 표현한 것으로, 단순히 '얼굴'만을 뜻하지는 않는다. 사람의 얼굴에서 비롯되는 '표정'이나 '겉모습'이라는 뜻으로도 쓰인다.

국면(局面) : 판 국(局)과 낯 면(面)으로, 일의 형세나 상황.
[예문] 경제 위기라는 어려운 국면을 타개하는 것이 새 정부의 임무이다.

從 : 좇을 종, 11획 ──────────────────── 부수: 彳

조금 걸을 척(彳)과 발 지(止), 좇을 종(从)이 합해진 모습으로, 두 사람이 서로 따라간다는 의미에서 '좇다'나 '따르다'라는 뜻을 가진 글자가 되었다.

굴종(屈從) : 굽을 굴(屈)과 좇을 종(從)으로, 제 뜻을 굽혀 남에게 복종함.
[예문] 독재 정권 밑에서 사법부는 굴종을 강요당하지 않을 수 없다.

腹 : 배 복, 13획 ──────────────────── 부수: 月

육달 월(月)과 돌아올 복(复)이 합하여 이루어진 모습으로, 오장육부 중 하나인 '배'를 뜻하는 글자이다.

심복(心腹) : 마음 심(心)과 배 복(腹)으로, 마음 놓고 믿을 수 있는 부하.
[예문] 그 사람은 자기의 심복에게 결국 배반을 당하였다.

背 : 배반할 배, 9획 ──────────────────── 부수: 月

북녘 북(北)과 육달 월(月)이 합하여 이루어진 모습으로, 신체 부위인 '등'을 뜻하는 글자다. 서로 등지고 있는 모습으로 인해 '배반하다'라는 뜻까지 생성하게 되었다.

향배(向背) : 향할 향(向)과 등 배(背)로, 어떤 일이 되어 가는 추세나 동향.
[예문] 부동층 유권자들의 향배가 이번 대선의 최대 변수로 떠오르고 있다.

〖　　키워드로 보는 사자성어, #복종　　〗

양봉음위(陽奉陰違) : 겉으로는 복종하는 체하면서 마음속으로는 배반함
[예문] 가식적으로 착한 척하는 그 사람은 사실은 '양봉음위'로 남들을 속이고 있었습니다.

면종후언(面從後言) : 보는 앞에서는 복종하는 체하면서 뒤에서는 욕을 함.
[예문] 그는 면종후언하는 간신배와 같다.

상명하복(上命下服) : 위에서 명령하면 아래에서는 복종한다는 뜻.
[예문] 군대는 상명하복의 질서가 엄격하다.

〖　　면종복배, 이럴 때 이렇게　　〗

1. 그 직원은 회의에서는 상사의 지시를 따르는 듯 행동했지만, 뒤에서는 동료들과 비판적인 의견을 나누며 면종복배의 모습을 보였다.

2. 정치인은 공개적으로는 정부 정책을 지지한다고 했지만, 비밀리에 자신의 당과 협력하여 반대 활동을 벌여 면종복배의 전형적인 예가 되었다.

3. 그 회사의 부서장은 겉으로는 팀원들의 의견을 존중한다고 하면서도, 실제로는 자신의 계획을 밀어붙여 면종복배의 행동을 보여주었다.

4. 그는 프로젝트 회의에서 모두의 의견을 존중한다고 했지만, 실제로는 자신의 이익을 위해 비밀리에 계획을 수정하며 면종복배의 행동을 취했다.

5. 그가 면종복배한 태도를 고치지 않으면, 결국 친구들을 모두 잃게 될 것이다.

필요할 때는 쓰고
필요 없을 때는 버리는 행위를 표현할 때

兔死狗烹

토사구팽

토사구팽(兔死狗烹)은 토끼가 죽으면 개를 삶는다는 뜻으로, 어떤 목적을 달성한 후에 그 목적을 위해 사용되었던 사물이나 사람을 버리는 행위를 표현할 때 사용되는 성어입니다. 즉, 일이 끝나거나 유용성이 사라지면 더 이상 필요 없다고 여겨지는 대상을 무시하거나 처분하는 상황을 묘사할 때 쓰이는 말입니다. 예를 들어, 회사에서 한 직원이 중요한 프로젝트를 성공적으로 수행했지만, 프로젝트가 끝난 후에는 그 직원의 공로를 인정하지 않고 해고하거나 무시하는 경우를 말합니다. 우리는 결과를 성취한 후, 그 과정에서 함께한 동료들이나 자원들이 불쌍하게도 쉽게 잊히거나 버려질 수 있다는 것을 알고 있어야 합니다. 이는 삶에서 진정한 동료애와 책임감을 가지는 것이, 얼마나 중요한지를 깨닫게 하는 메시지입니다. 이처럼 우리의 노력과 헌신이 단순한 수단으로 치부되지 않도록, 목표를 달성한 후에도 그 과정에서 함께한 모든 사람을 존중하고 배려하는 마음을 간직해야 할 것입니다.

〚　　한자를 알면 뜻이 보인다　　〛

兔死狗烹 : 토끼[兔]를 다 잡으면[死] 개[狗]를 삶아[烹] 먹음
　　　　필요할 때는 쓰고 필요 없을 때는 야박하게 버림.

한자 속 어휘의 발견

兎 : 토끼 토, 8획 ─────────────────────────── 부수: 儿

본래 긴 귀와 짧은 꼬리를 가진 토끼가 쭈그리고 앉아 있는 모양을 본뜬 것이었으나, 지금의 자형(字形)으로 변했다.

토사(兎舍) : 토끼 토(兎)와 집 사(舍)로, 토끼를 넣고 기르는 장소.
(예문) 사냥꾼은 토사를 짓고 그 안에서 토끼를 길렀다.

死 : 죽을 사, 6획 ─────────────────────────── 부수: 歹

뼈 알(歹), 비수 비(匕)가 합하여 이루어진 모습이다. 歹는 뼈만 앙상하게 남아 있는 모습을, 匕는 손을 모으고 있는 모습을 그린 것으로, 누군가의 죽음을 애도한다는 의미에서, '죽음', '죽다'라는 뜻을 가지게 되었다.

사력(死力) : 죽을 사(死)와 힘 력(力)으로, 죽기를 각오하고 쓰는 힘.
(예문) 이 고지를 지키기 위해서 현재 우리 부대는 사력을 다하여 버티고 있습니다.

狗 : 개 구, 8획 ─────────────────────────── 부수: 犭

개 견(犬)과 글귀 구(句)가 합하여 이루어진 모습으로, '개'나 '강아지'라는 뜻을 가진 글자이다.

구족반(狗足盤) : 개 구(狗)와 발 족(足), 소반 반(盤)으로, 상다리 모양이 개의 뒷다리처럼 구부러진 작은 밥상.
(예문) 전통 소반은 다리가 휘어진 구족반과 다리가 기둥 모양인 일주반 등이 있다.

烹 : 삶을 팽, 11획 ─────────────────────────── 부수: 灬

형통할 형(亨)과 불 화(灬)가 합하여 이루어진 모습으로, 솥에 불을 가한다는 의미에서 '삶다', '(삶아서)죽이다'의 뜻을 갖게된 것이다.

팽란(烹卵) : 삶을 팽(烹)과 알 란(卵)으로, 삶은 달걀.
(예문) 요즘 쌀밥보다는 팽란을 먹고 출근하는 사람들이 많다.

〖　　키워드로 보는 사자성어, #개(狗), (犬)　　〗

견토지쟁(犬兎之爭) : 두 사람의 싸움에 제삼자가 이익을 봄.
(예문) 두 정치인의 공방전 속에서 제3당이 견토지쟁의 실익을 보았다.

구마지심(狗馬之心) : 개나 말이 주인에게 가진 충성된 마음이라는 뜻.
(예문) 나라가 어려울수록 우리는 구마지심의 마음을 가져야 한다.

당구풍월(堂狗風月) : 서당에서 기르는 개가 풍월을 읊는다는 뜻.
(예문) 그의 노력과 성공은 당구풍월의 전형적인 모습을 보여주고 있다.

〖　　토사구팽, 이럴 때 이렇게　　〗

1. 회사는 프로젝트가 성공적으로 완료되자, 주요 공헌을 한 직원들을 즉시 해고하고 새로운 인력을 채용했는데, 이 모습이 바로 토사구팽의 전형적인 예였다.

2. 그 배우는 인기가 저물자마자 토사구팽처럼 기획사에게 버려지고 말았다.

3. 친구가 어려운 시기에 도움을 주었지만, 상황이 나아지자마자 그 친구를 무시하고 자신의 삶에만 집중하는 행동은 토사구팽이라고 할 수 있다.

4. 그녀는 자신이 토사구팽의 희생양이 된 것을 알고는, 결국 그 회사를 그만두었다.

5. 그 회사의 CEO는 직원들이 회사를 위해 헌신하도록 유도했지만, 회사가 안정기에 접어들자마자 그들의 기여를 인정하지 않고 바로 다른 직원을 채용 토사구팽의 모습을 보였다.

겉으로는 강한 척하지만, 속은 순하고 겁이 많은 모습을 표현할 때

羊質虎皮

양질호피

양질호피(羊質虎皮)는 양의 성질에 호랑이의 가죽이라는 뜻으로, 겉모습은 대단하고 위엄 있어 보이지만, 실제 내면은 약하거나 진정성이 없는 모습을 표현할 때 사용하는 성어입니다. 외형적인 포장과 달리 실질적인 내용의 차이를 보여줄 때 표현하는 것으로, 겉으로는 강하고 위엄 있는 호랑이의 가죽을 두르고 있지만, 그 속에 감춰진 것은 순하고 겁이 많은 양의 성질을 가지고 있다는 의미입니다. 예를 들어, 어떤 기업이 최신 기술을 보유하고 있는 것처럼 보이지만, 실제로는 기술적인 실력이나 역량이 부족한 경우를 말합니다. 이는 겉으로는 뛰어난 성과를 내는 듯 보이지만, 내면적으로는 그러한 성과를 뒷받침할 만한 실질적인 자질이나 능력이 모자란 상태를 의미합니다. 양질호피는 겉모습으로 판단하는 것의 위험성과 내면의 본질이 얼마나 중요한지를 가르치고 있으며, 사람이나 상황을 평가할 때 겉모습뿐 아니라 그 사람의 본성과 본질을 보아야 한다는 깨달음을 주는 지혜의 표현이라 할 수 있습니다.

〚 **한자를 알면 뜻이 보인다** 〛

羊質虎皮 : 성질[質]은 양[羊]이고, 거죽[皮]은 호랑이[虎]
본바탕은 아름답지 못하면서 겉모습만 화려하게 꾸미는 것을 말함.

한자 속 어휘의 발견

羊 : 양 양, 6획 — 부수: 羊

'양'이나 '상서롭다'라는 뜻을 가진 글자로, 양의 머리를 정면에서 바라본 모습을 형상화하여 그린 것이다. 양의 구부러진 뿔이 특징적이다.

> 희생양(犧牲羊) : 희생 희(犧), 희생 생(牲), 양 양(羊)으로, 어떤 일을 위하여 자신의 몸이나 재물·이익 등을 희생당하는 처지.
> (예문) 자본주의의 희생양은 다름이 아닌 노동자들이다.

質 : 바탕 질, 15획 — 부수: 貝

조개 패(貝)와 모탕 은(斦)이 합하여 이루어진 모습으로, 꾸미지 않은 본연 그대로의 성질인 바탕을 의미하여 '품질'이나 '본질', '저당물'이라는 뜻을 가진 글자로 쓰이고 있다.

> 자질(姿質) : 맵시 자(姿)와 바탕 질(質)로, 자기가 종사하고 있는 일에 대한 능력이나 실력의 정도.
> (예문) 김 팀장은 이번 프로젝트를 성공적으로 이끌면서 리더로서의 자질을 인정받았다.

虎 : 범 호, 8획 — 부수: 虍

호피 무늬 호(虍)와 어진 사람 인(儿)이 합하여 이루어진 모습이다. 호랑이의 모양을 본뜬 것으로, '호랑이'나 '용맹스럽다'라는 뜻을 가진 글자이다.

> 호시탐탐(虎視眈眈) : 범이 눈을 부릅뜨고 먹이를 노려본다는 뜻.
> (예문) 외국 자본은 국내 시장을 잠식할 기회를 호시탐탐 노리고 있다.

皮 : 가죽 피, 5획 — 부수: 皮

기슭 엄(厂)과 뚫을 곤(丨), 또 우(又)가 합하여 이루어진 모습이다. 손으로 짐승의 껍질을 벗기는 모양에서 '가죽'이나 '껍질', '표면'이라는 뜻을 가지게 되었다.

> 표피(表皮) : 겉 표(表)와 가죽 피(皮)로, 동물체의 표면을 덮고 있는 피부의 상피 조직.
> (예문) 그 세포의 표피는 얇은 막으로 덮여 있다.

〚　키워드로 보는 사자성어, #바탕 질(質)　〛

질의응답(質疑應答) : 의심나는 점을 묻고 물음에 대답을 하는 일.
(예문) 학회 발표가 끝난 뒤 청중들과의 질의응답으로 이어졌다.

악질분자(惡質分子) : 몹시 악독한 짓을 하여 다른 사람이나 사회에 해를 끼치는 사람.
(예문) 마을 사람들은 일본의 앞잡이 중에서도 악질분자를 가려내어 마을에서 추방하였다.

물질문명(物質文明) : 물질을 바탕으로 한 문명.
(예문) 과학과 기술은 물질문명의 근간이며 부를 창출하는 힘의 원천이기도 하다.

〚　양질호피, 이럴 때 이렇게　〛

1. 그는 실속은 없으면서 겉모습의 화려함을 추구하는 양질호피 인간일 뿐이다.

2. 그의 제안서는 도저히 실행할 수 없는 양질호피라 할 만큼 부실한 제안서였다.

3. 그 회사는 최신 기술을 갖춘 것처럼 홍보했지만, 실제로는 기술적 능력이 부족해 양질호피의 예라고 할 수 있다.

4. 그 정치인은 강한 리더십을 강조하며 대중 앞에 나섰지만, 실제로는 정책 실행 능력이 부족해 양질호피의 상황이었다.

5. 친구가 고급스러운 외모와 말투로 사람들을 감동시켰지만, 실제로는 실질적인 도움을 주지 않아 양질호피의 사례라고 할 수 있다.

웃으며 친절하게 말하지만, 속으로는 해칠 마음을 품고 있을 때

笑裏藏刀

소리장도

소리장도(笑裏藏刀)는 웃음 속에 칼을 감춘다는 뜻으로, 겉으로는 웃으며 친절하게 말하지만, 속으로는 음흉한 속셈을 품고 있는 상황이나 사람을 표현할 때 사용되는 성어입니다. 이 표현은 사람의 외모나 태도가 반드시 그 사람의 본심을 반영하는 것은 아니라는 것을 의미합니다.

예를 들어, 회사의 상사가 항상 친절하게 대하며 팀원들을 챙기는 척하지만, 실제로는 팀원들의 성과를 자신의 것처럼 가져가고, 필요한 자원은 팀원들에게 충분히 지원하지 않는 경우를 말합니다. 우리는 사람을 평가할 때, 그저 눈에 보이는 표정이나 말에만 의존해서는 안 됩니다. 겉은 웃고 있지만 속으로는 다른 생각을 품고 있을 수 있기 때문에, 겉으로 드러난 미소 속에 감춰진 진실을 보려는 신중함이 필요합니다. 이는 단지 타인을 경계하기 위한 것이 아니라, 진정한 관계를 맺기 위한 지혜이기 때문입니다.

〚　　한자를 알면 뜻이 보인다　　〛

笑裏藏刀 : 웃음[笑] 속에[裏] 칼[刀]을 감춘다[藏]
말은 좋게 하나 마음속으로는 해칠 뜻을 가진 것을 비유.

한자 속 어휘의 발견

笑 : 웃음 소, 10획 — 부수: 竹

대나무 죽(竹)과 어릴 요(夭)가 합하여 이루어진 모습으로, '웃음'이나 '웃다', '조소하다'라는 뜻을 가진 글자이다.

냉소(冷笑) : 찰 랭(冷)과 웃을 소(笑)로, 쌀쌀한 태도로 비웃음.
(예문) 그녀는 옆에 있는 김 씨를 냉소적으로 바라보고 있었다.

裏 : 속 리(이), 13획 — 부수: 亠

옷 의(衣)와 마을 리(里)가 합하여 이루어진 모습으로, 옷의 안쪽을 의미하여 '속'이나 '내부'라는 뜻을 가진 글자로 쓰이고 있다.

뇌리(腦裏) : 뇌 뇌(腦)와 속 리(裏)로, 사람의 의식이나 기억.
(예문) 나를 보던 그의 눈이 뇌리에 박혀 떠나질 않는다.

藏 : 감출 장, 17획 — 부수: ⺿

풀 초(⺿)와 감출 장(臧)이 합하여 이루어진 모습으로, 깊이 속에 감춘다는 의미에서 '감추다'나 '숨다'라는 뜻을 가진 글자가 되었다.

무진장(無盡藏) : 없을 무(無)와 다할 진(盡), 감출 장(藏)으로, 다함이 없이 많음.
(예문) 여기에는 질 좋은 석탄이 무진장 묻혀 있다.

刀 : 칼 도, 2획 — 부수: 刀

칼날이 굽은 칼의 모양을 본뜬 글자인데, 주로 '날카로움', '자르다', '나누다', '베다' 등의 의미로 사용되고 있다.

죽도(竹刀) : 대나무 죽(竹)과 칼 도(刀)로, 검도에서 쓰는 도구.
(예문) 검도장에서 대련자들이 죽도를 데꺽대는 소리가 울려 퍼졌다.

〚　　키워드로 보는 사자성어, #감추다(藏)　　〛

장두은미(藏頭隱尾) : 머리를 감추고 꼬리를 숨긴다는 뜻으로, 일의 전말을 밝히지 아니함.
　[예문] 경찰은 이번 사건을 장두은미 상태로 수사 종결하였다.

천장지비(天藏地祕) : 세상에 드러나지 않고 깊이 묻혀 있음.
　[예문] 그가 세상을 떠난 후 천장지비의 작품이 드디어 문단에 알려지기 시작했다.

면리장침(綿裏藏針) : 솜 속에 감추어 둔 바늘이라는 뜻으로, 겉으로 부드러우나 속은 흉악함.
　[예문] 그 범인은 이웃에게는 친절을 베풀며 살아가는 면리장침의 대표적인 인물이었다.

〚　　소리장도, 이럴 때 이렇게　　〛

1. 상사는 늘 부드러운 미소를 지으며 직원들을 대했지만, 소리장도처럼 자신의 이익을 위해 남몰래 해고 명단을 작성하고 있었다.

2. 영빈이는 웃으면서 민지에게 손을 내밀었지만, 민지는 영빈이의 소리장도 같은 인격을 알고 있었기에 그를 경계하였다.

3. 겉으로는 친절해 보였지만, 그의 행동을 보면 소리장도의 교훈을 떠올리지 않을 수 없다.

4. 정치인 중에서도 소리장도 같은 이들이 많아서 누구를 믿어야 할지 고민하게 될 때가 있다.

5. 고객에게는 매우 친절하게 대하며 웃음으로 응대하는 그 직원은, 뒤에서는 소리장도의 의미처럼 고객의 요청을 무시하고 자신의 업무를 소홀히 하는 태도를 보였다.

다섯째 마당
이익

**눈앞의 이익에 눈이 멀어
해로움을 보지 못한다.**

진정한 이익은 단순히 물질적 부를 쌓는 데 있지 않습니다.
그것은 우리가 어떤 선택을 하며
살아가는가에 따라 달라지는 결과물입니다.
만약 눈앞에 보이는 이익을 위해 도덕적 기준을 저버린다면,
그 순간의 이익은 결국 쓴 결과로 돌아올 수밖에 없습니다.
반면, 가치와 원칙을 지키며 꾸준히 쌓아온 이익은
시간이 흘러도 변함없이 소중한 자산으로 남습니다.

한 가지의 일로
두 가지의 이득을 볼 때

一擧兩得

일거양득

일거양득(一擧兩得)은 한 번의 움직임으로 두 가지 이득을 얻는다는 뜻으로, 한 가지 일을 통해 예상치 못한 또 다른 이익을 얻는 행운을 의미할 때 표현하는 성어입니다. 이는 주어진 자원을 최대한 효율적으로 활용하여 최대의 이익을 얻는다는 의미를 내포하고 있습니다. 예를 들어 나무를 심는 행위가 환경 보호와 동시에 경관을 아름답게 만드는 효과를 가져오는 경우를 생각할 수 있습니다. 이는 하나의 행동으로 여러 목표를 달성할 수 있는 방안을 모색하는 점이 중요하며, 자원과 시간을 절약하면서도 최상의 결과를 얻을 수 있음을 알려주고 있습니다. 하나의 행동이 단순한 목표 달성에 그치지 않고, 여러 가지 이점을 동시에 가져올 수 있다는 점에서 일거양득의 표현은 우리에게 행운을 선물하는 매우 긍정적인 표현이라 할 수 있습니다.

[**한자를 알면 뜻이 보인다**]

一擧兩得 : 한 번[一] 움직임[擧]으로 둘[兩]을 얻음[得]
한 가지의 일로 두 가지의 이익을 보는 것.

한자 속 어휘의 발견

一 : 한 일, 1획 ─────────────────────────────── 부수: 一

'하나'나 '첫째', '오로지'라는 뜻을 가진 글자이며, 막대기를 옆으로 눕혀놓은 모습을 그린 것이다.

만일(萬一) : 일만 만(萬)과 한 일(一)로, 있을지도 모르는 뜻밖의 경우.
(예문) 이 시설물은 만일의 사태에 대비한 것이다.

擧 : 들 거, 18획 ─────────────────────────────── 부수: 手

마주들 여(舁)와 어조사 여(与), 손 수(手)가 합하여 이루어진 모습으로, 손(手)으로 준다(與)는 의미에서 '들다'나 '일으키다'라는 뜻을 갖게 된 것이다.

일거(一擧) : 한 일(一)과 들 거(擧)로, 한 번의 동작. 또는 한 번 일을 벌임.
(예문) 9회 말에 그가 날린 홈런 한 방으로 일거에 승부가 결정되었다.

兩 : 두 량, 8획 ─────────────────────────────── 부수: 入

나란히 들어갈 량(㒳)과 두를 잡(帀)이 합하여 이루어진 모습이다. 본래 '쌍'이나 '짝'이라는 뜻으로 만들어졌었지만, 후에 저울을 닮았다 하여 무게의 단위로도 쓰이게 된 것이다.

월량(月兩) : 달 월(月)과 두 량(兩)으로, 이전에, 학교에 다달이 내던 수업료.
(예문) 명구는 어머니께서 월량을 내라고 주신 돈으로 친구들과 어울려 술을 마셨다.

得 : 얻을 득, 11획 ─────────────────────────────── 부수: 彳

조금 걸을 척(彳)과 조개 패(貝), 마디 촌(寸)이 합하여 이루어진 모습이다. 길에서 손으로 조개를 줍는다는 의미에서, '얻다'나 '손에 넣다'라는 뜻을 가진 글자이다.

습득(習得) : 익힐 습(習)과 얻을 득(得)으로, 학문이나 기술 따위를 배워서 몸에 익힘.
(예문) 어린이는 모국어의 습득과 함께 민족정신을 배워 나간다.

〖　　키워드로 보는 사자성어, #일거양득(一擧兩得)　　〗

일전쌍조(一箭雙鵰) : 화살 하나로 수리 두 마리를 떨어뜨린다는 뜻.
(예문) 그는 일전쌍조의 기회를 잡았다.

일석이조(一石二鳥) : 돌 하나로 두 마리의 새를 잡는다는 뜻.
(예문) 샤워도 하면서 마사지를 통해 살도 빼는 일석이조의 샤워법이 있다.

일거이득(一擧二得) : 한 가지 일로 두 가지 이익을 얻음.
(예문) 조개를 잡았는데 그 안에서 진주가 나왔으니 그야말로 일거이득이다.

〖　　일거양득, 이럴 때 이렇게　　〗

1. 새로운 마케팅 캠페인을 통해 제품 홍보와 고객 피드백을 동시에 얻을 수 있어 일거양득의 효과를 보고 있다.

2. 회사에서 실시한 온라인 교육 프로그램은 직원들의 기술 향상과 동시에 업무 효율성을 높여, 일거양득의 성과를 거두었다.

3. 회사에서 업무 효율을 높이면서 직원들의 만족도도 증가시키는 정책은 일거양득이라 할 수 있다.

4. 태양광 발전으로 전기를 생산하면서 지구온난화를 줄이는 것은 일거양득이다.

5. 독서를 통해 지식을 쌓는 동시에 스트레스를 해소할 수 있어, 독서가 일거양득의 활동으로 여겨진다.

좋은 일이 생겼는데 더 좋은 일이 더해져
즐거움을 표현할 때

錦上添花

금상첨화

　금상첨화(錦上添花)는 비단 위에 꽃을 더하는 뜻으로, 좋은 일이나 상황에 더 좋은 일이 겹쳐서 일어나는 상황을 표현할 때 사용하는 성어입니다. 이는 아름다움이나 좋은 일이 중첩되어 더 큰 기쁨과 만족을 주는 상황을 표현하는 것으로, 비단 자체가 아름답고 귀한데, 그 위에 꽃을 더함으로써, 더욱 화려해지는 것처럼, 좋은 일에 더 좋은 일이 겹치면 기쁨과 행복이 배가된다는 말입니다. 예를 들어, 회사가 새로운 기술을 도입하여 업무 효율을 크게 향상시킨 후, 추가로 직원 복지 프로그램을 강화하여 더욱 뛰어난 성과를 얻는 경우를 말합니다. 금상첨화는 우리의 삶에서 긍정적이고 좋은 일들이 서로 얽혀 더 큰 행복을 가져올 수 있음을 상기시켜 주며, 이미 좋은 상태에 만족하지 않고 더 나은 삶을 추구하는 자세와 다른 좋은 것들을 만나, 더 큰 가치를 만들 수 있다는 가르침을 주는 지혜의 말입니다.

〚　　한자를 알면 뜻이 보인다　　〛

錦上添花 : 비단[錦] 위[上]에 꽃[花]을 더하다[添]
좋은 일에 또 좋은 일이 더하여짐을 이르는 말.

한자 속 어휘의 발견

錦 : 비단 금, 16획 — 부수: 金

쇠 금(金)과 비단 백(帛)이 합하여 이루어진 모습이다. 여러 가지 색채로 무늬를 넣어 짠 비단을 의미한다.

금의환향(錦衣還鄕) : 벼슬을 하거나 크게 성공하여 고향에 돌아오다.
(예문) 그는 큰 잔치를 벌여 아들의 금의환향을 자축했다.

上 : 윗 상, 3획 — 부수: 一

하늘을 뜻하기 위해 만든 지사문자(指事文字)로, '위'나 '앞', '이전'이라는 뜻을 가진 글자이다.

상륙(上陸) : 위 상(上)과 뭍 륙(陸)으로, 배에서 내려 육지로 오름.
(예문) 바람이 심하게 불어 선원들은 상륙을 시도하는 데 많은 어려움을 겪었다.

添 : 더할 첨, 11획 — 부수: 氵

물 수(水)와 더럽힐 첨(忝)이 합하여 이루어진 모습으로, 보태어 더하다는 의미에서 '더하다', '보태다', '덧붙이다'라는 뜻을 가진 글자이다.

첨가(添加) : 더할 첨(添)과 더할 가(加)로, 어떤 것을 이미 있는 것에 보태거나 덧붙임.
(예문) 과자류의 지나친 식용 색소 첨가는 건강에 해롭다.

花 : 꽃 화, 7획 — 부수: ⺿

풀 초(⺿)와 될 화(化)가 합하여 이루어진 모습으로, '꽃'이라는 뜻을 가진 글자이다.

화채(花菜) : 꽃 화(花)와 나물 채(菜)로, 꿀이나 설탕을 탄 물이나 오미잣국에 각종 과일이나 꽃잎을 넣고 잣을 띄워 만든 음료.
(예문) 옛사람들은 여름이면 평상에 앉아 시원한 화채를 먹으며 더위를 식혔다.

〚　　키워드로 보는 사자성어, #금상첨화 반의어　　〛

설상가상(雪上加霜) : 눈이 내리는 위에 서리까지 더한다는 뜻.
[예문] 실업이 증가해 사회가 뒤숭숭한데 설상가상으로 흉년까지 들었다.

설상가설(雪上加雪) : 어려운 일이나 불행이 겹쳐서 일어남.
[예문] 설상가설이라더니 어쩌면 이렇게 일이 비비 꼬이는지 모르겠다.

전호후랑(前虎後狼) : 앞문에서 호랑이를 막고 있으려니까 뒷문으로 이리가 들어온다는 뜻.
[예문] 경제난을 겪고 있는 그 나라는 전호후랑으로 국가의 통치력 약화 현상도 보이고 있다.

〚　　금상첨화, 이럴 때 이렇게　　〛

1. 이왕이면 차도 새것이고 배기량도 넉넉한 성능 좋은 차가 걸려들면 금상첨화겠다.

2. 축제의 기본 프로그램이 잘 구성되어 있었는데, 특별 게스트 공연이 추가되면서 축제는 금상첨화의 성공을 거두었다.

3. 그의 음악 앨범은 감성적인 가사와 뛰어난 멜로디로 이미 큰 호응을 얻었는데, 보너스 트랙과 새로운 편곡이 추가되어 금상첨화가 되었다.

4. 그녀의 노래와 춤 실력은 이미 화제였는데, 배우로서도 성공했다니 금상첨화입니다.

5. 그의 프레젠테이션은 이미 훌륭했지만, 예술적인 그래픽과 실제 사례를 추가함으로써 금상첨화가 되었다.

이익을 놓고 다투다가
엉뚱하게 다른 사람이 이익을 볼 때

漁夫之利

어부지리

　어부지리(漁父之利)는 어부의 이익이라는 뜻으로, 두 사람이 서로 싸우는 사이에 제3자가 이득을 보는 상황을 표현할 때 사용하는 성어입니다. 어부지리라는 말은 황새가 조개를 잡아먹으려 하자 조개가 입을 다물어 황새의 부리를 물어버렸습니다. 그로 인해 둘 다 움직이지 못하고 있을 때, 어부가 나타나 둘 다 쉽게 잡아 이익을 보게 되었다는 이야기에서 유래되었습니다. 서로 다투는 경쟁자들은 싸움에 몰두하느라 정작 중요한 것을 놓치기 쉽습니다. 예를 들어, 두 회사가 격렬하게 가격 경쟁을 벌일 때, 그 사이에서 경쟁으로 인해 고객들에게 더 나은 혜택을 제공할 기회를 얻는 다른 기업이 이익을 보는 경우를 말합니다. 어부지리는 싸움을 피하고 평화롭게 문제를 해결하는 점도 중요하지만, 때로는 갈등의 중심에서 물러나, 전체를 바라보는 것도, 지혜롭게 이익을 취하는 것임을 깨달아야 할 것입니다.

〚　　한자를 알면 뜻이 보인다　　〛

漁夫之利 : 어부[漁][夫]의 이익[利]
둘이 다투는 틈을 타서 엉뚱한 제3자가 이익을 봄.

한자 속 어휘의 발견

漁 : 고기 잡을 어, 14획 — 부수: 氵

물 수(水)와 고기 어(魚)가 합하여 이루어진 모습으로, '물고기를 잡다'나 '사냥하다'라는 뜻을 가진 글자이다. 물속의 물고기를 잡는 일이나 그와 관련된 의미에 활용된다.

* 출어(出漁) : 날 출(出)과 고기잡을 어(漁)로, 물고기를 잡으러 바다로 나감.
  (예문) 기용은 출어만 하면 언제나 만선을 이루는 타고난 어부였다.

夫 : 지아비 부, 4획 — 부수: 大

큰 대(大)와 한 일(一)이 합하여 이루어진 모습으로, '지아비'나 '남편', '사내'라는 뜻을 가진 글자이다.

졸장부(拙丈夫) : 못날 졸(拙)과 어른 장(丈), 지아비 부(夫)로, 도량이 좁고 좀된 남자.
(예문) 명수 그 사람, 알고 봤더니 겁 많고 소심한 천하의 졸장부야.

之 : 갈 지, 4획 — 부수: 丿

'가다'나 '~의', '~에'와 같은 뜻으로 쓰이는 글자로, 사람의 발을 그린 것이다.

자격지심(自激之心) : 자기가 한 일에 대하여 스스로 미흡하게 여기는 마음.
(예문) 아마 그것은 열등감에서 나오는 자격지심이었을 것이다.

利 : 이로울 리(이), 7획 — 부수: 刂

벼 화(禾)와 칼 도(刀)가 합하여 이루어진 모습으로, '이롭다'나 '유익하다', '날카롭다'라는 뜻을 가진 글자이다. 벼(禾)를 베는 칼(刀)의 의미에서 '날카롭다'는 의미가 생성. 후에 수확의 결과로 '이익', '편하다' 등의 의미까지 파생되었다.

전리품(戰利品) : 싸움 전(戰)과 이로울 리(利), 물건 품(品)으로, 전쟁에서 얻은 이득으로서 적에게서 빼앗은 물품.
(예문) 고대에는 전쟁에서 사로잡은 포로가 가장 값진 전리품이었다고 한다.

〚　　키워드로 보는 사자성어, #제3자가 이익을 봄　　〛

어인지공(漁人之功) : 황새와 조개가 다투는 틈을 타서 어부가 둘 다 잡았다.
(예문) 두 후보의 어리석음 때문에 당선 가능성이 없었던 다른 후보가 어인지공을 얻었다.

방휼지쟁(蚌鷸之爭) : 둘이 싸우면 엉뚱한 제3자가 이익을 본다.
(예문) 여당 후보와 야당 후보의 다툼 속에서 무소속 후보가 방휼지쟁으로 당선되었다.

견토지쟁(犬兔之爭) : 개와 토끼의 싸움에 제3가 이익을 봄.
(예문) 두 정치인의 공방전 속에서 제3당이 견토지쟁의 실익을 보았다.

〚　　어부지리, 이럴 때 이렇게　　〛

1. 두 후보의 이전투구 때문에 당선 가능성이 없었던 다른 후보가 어부지리를 얻었다.

2. 두 주요 경쟁자가 가격을 크게 낮추어 서로 싸울 때, 그 사이에서 고객들을 유치하는 새로운 업체가 어부지리로 이득을 얻었다.

3. 두 팀이 우승을 놓고 치열한 경쟁을 벌였는데, 결국 선수들의 부상으로 다른 팀이 어부지리를 누렸습니다.

4. 이번 선거에서는 여당 후보와 야당 후보의 다툼 속에서 무소속 후보가 어부지리로 당선되었다.

5. 전통적인 시장이 현대적인 쇼핑몰과 경쟁하며 가격을 인하하자, 그 사이에서 할인된 가격을 이용해 소비자들이 혜택을 봤으니 이것이 바로 어부지리다.

이익을 적게 보고 많이 팔아
이윤을 얻으려는 판매 전략

薄利多賣

박리다매

박리다매(薄利多賣)는 이익을 적게 보고 많이 판다는 뜻으로, 적은 이윤을 남기더라도 많은 양의 물건을 판매하여 이익을 얻으려는 판매 전략을 표현할 때 사용하는 말입니다. 이는 소비자들에게 더 저렴한 가격으로 제품을 제공함으로써 더 많은 고객을 유치하고, 높은 판매량을 통해 기업의 전체 수익을 증가시키는 방식입니다. 예를 들어, 대형 마트가 다른 소매업체보다 낮은 가격에 제품을 판매하여 더 많은 소비자들을 끌어들이고, 그로 인해 매출을 늘리는 것이 박리다매의 사례입니다. 현대 사회에서는 대량 생산과 효율적인 물류 시스템을 통해 저렴한 가격으로 다양한 상품을 제공하는 것이 가능해졌습니다. 하지만, 소비자들은 단순히 저렴한 가격만을 고려하기보다는 품질, 서비스, 브랜드 이미지 등 다양한 요소를 종합적으로 판단하여 상품을 선택하는 경향이 강해졌습니다. 박리다매는 효과적인 판매 전략이 될 수 있지만, 시장 상황과 소비자의 욕구를 정확하게 파악하고 장기적인 관점에서 사업을 운영해야 성공할 수 있음을 가르쳐주는 말입니다.

〚 한자를 알면 뜻이 보인다 〛

薄利多賣 : 이익[利]을 적게[薄] 보고 많이[多] 팖[賣]
이익을 적게 보고 많이 팔아 이문을 올림.

薄 : 엷을 박, 16획 ─────────────────────────── 부수: ⺿

풀 초(⺿)와 넓을 부(溥)가 합하여 이루어진 모습으로, 풀이 아주 작고 얇아 물에 뜰 정도라는 의미에서 '엷다'나 '얇다', '야박하다'라는 뜻을 가진 글자이다.

박대(薄待) : 엷을 박(薄)과 대할 대(待)로, 정성을 들이지 않고 아무렇게나 맞이함.
(예문) 힘들게 수소문해 찾아갔는데 이렇듯 박대를 받으니 매우 원망스럽습니다.

利 : 이로울 리(이), 4획 ─────────────────────────── 부수: 刂

벼 화(禾)와 칼 도(刀)가 합하여 이루어진 모습으로, '이롭다'나 '유익하다', '날카롭다' 라는 뜻을 가진 글자이다.

공리적(功利的) : 힘쓸 공(功)과 이로울 리(利), 과녁 적(的)으로, 실제적인 이익이나 효과를 생각하는 것.
(예문) 인간 사회는 공리적 타산만으로 이루어지는 것은 아니다.

多 : 많을 다, 6획 ─────────────────────────── 부수: 夕

夕(저녁 석)이 부수로 지정되어 있지만, 肉(고기 육)을 겹쳐 그린 것으로 '많다'나 '낫다', '겹치다'라는 뜻을 가진 글자이다.

다각적(多角的) : 많을 다(多)와 뿔 각(角), 과녁 적(的)으로, 여러 방면이나 부분에 걸친 것.
(예문) 정부는 중소기업을 지원하기 위한 방안을 다각적으로 마련하고 있다.

賣 : 팔 매, 15획 ─────────────────────────── 부수: 貝

살 매(買)와 날 출(出)이 합하여 이루어진 모습으로, 재화가 나간다는 의미에서 '팔다'라는 뜻을 가지게 되었다.

발매(發賣) : 필 발(發)과 팔 매(賣)로, 상품 따위를 내어 팖.
(예문) 가수의 신곡 음반 발매에 앞서 온라인과 모바일을 통해 선공개된다.

〚　　키워드로 보는 사자성어, #팔 매(賣)　　〛

헐가방매(歇價放賣) : 싼값에 마구 팔아 버림.
(예문) 애인과 헤어진 후 선물 받은 명품 옷과 가방을 중고마켓에 헐가방매하였다.

매관매직(賣官賣職) : 돈이나 재물을 받고 벼슬을 시킴.
(예문) 매관매직은 부패한 관리들의 가장 확실한 돈벌이였다.

무천매귀(貿賤賣貴) : 싼값에 사서 비싼 값으로 팖.
(예문) 그가 사업이 성공할 수 있었던 것은 무천매귀로 이윤을 많이 남겼기 때문이었다.

〚　　박리다매, 이럴 때 이렇게　　〛

1. 이 회사는 박리다매 전략을 통해 시장 점유율을 빠르게 확대하고 있다.

2. 소규모 가게들은 박리다매 전략을 통해 대형 마트와 경쟁하기 위해 가격을 낮추고 더 많은 고객을 확보하려 노력하고 있다.

3. 제품 가격을 낮추고 판매량을 늘리는 박리다매 전략으로 시장 점유율을 확대하였다.

4. 새로 오픈한 서점은 박리다매 전략으로 대부분의 책을 저렴하게 제공하여 고객들에게 큰 인기를 끌고 있다.

5. 중국 제조업체들은 박리다매 전략을 통해 세계 시장을 장악해 나가고 있다.

해롭기만 하고
이득이 될 것이 하나도 없을 때

百害無益

백해무익

    백해무익(百害無益)은 백 가지 해로움만 있고, 조금의 이로움도 없다는 뜻으로, 어떤 행동이나 사물이 전혀 도움이 되지 않고 오히려 해롭기만 할 때 표현되는 말입니다. 즉, 이 표현은 긍정적인 결과보다는 오직 부정적인 결과만을 초래할 때 사용되는 말로서, 무익하거나 해로운 일을 피하고 긍정적인 결과를 가져올 수 있는 행동에 집중하는 것이 필요하다는 점을 강조하는 말입니다. 예를 들어, 건강을 해치는 나쁜 습관이나 중독성 있는 흡연이 그렇습니다. 우리는 어떤 행동이나 결정을 내릴 때 그 결과를 면밀하게 따져보아야 합니다. 잘못된 결정이나 행동은 큰 해를 가져올 수 있기 때문에, 해로움이 많고 이로움이 없는 행동은 피해야 하며, 나의 선택과 행동이 가져올 결과를 깊이 생각하고, 신중한 판단과 지혜로운 행동을 통해 이로운 방향으로 더 좋은 선택의 길을 가야 할 것입니다.

〚 **한자를 알면 뜻이 보인다** 〛

百害無益 : 백 가지[百] 해로움[害]만 있고, 조금의 이로움[益]도 없다[無]
         해롭기만 하고 조금도 이득이 될 것이 없음.

한자 속 어휘의 발견

百 : 일백 백, 6획 ─────────────────────── 부수: 白

흰 백(白)과 한 일(一)이 합하여 이루어진 모습으로, '일백'이나 '백 번', '온갖'과 같은 수를 나타내는 글자이다.

백태(百態) : 일백 백(百)과 모양 태(態)로, 갖가지 모습과 형태.
[예문] 한국 관광객들의 백태 중에 가장 꼴불견인 것은 쓰레기를 함부로 버린다는 것이다.

害 : 해할 해, 10획 ─────────────────────── 부수: 宀

집 면(宀)과 예쁠 봉(丰), 입 구(口)가 합하여 이루어진 모습이다. '해친다'는 뜻을 생성하고, 후에 '손해'의 의미까지 파생되었다.

폐해(弊害) : 폐단 폐(弊)와 해칠 해(害)로, 어떤 폐단으로 인하여 생기는 해로움.
[예문] 국가적 사업을 가로막는 단체 행동의 폐해는 이루 말할 수 없다.

無 : 없을 무, 12획 ─────────────────────── 부수: 灬

춤출 무(舞)의 초문으로서, 가뭄 때 춤을 추면서 비를 기원하는 것을 의미한다. 가뭄이 들어 물이 없기 때문에, '없다'의 의미를 갖게 되었다.

만무(萬無) : 일만 만(萬)과 없을 무(無)로, 절대로 없음.
[예문] 혼자서 범행을 저질렀을 리 만무하니 공범을 찾아야 한다.

益 : 더할 익, 10획 ─────────────────────── 부수: 皿

그릇 명(皿)과 물 수(水)가 합하여 이루어진 모습이다. 본래 그릇에 물을 부은 모양을 의미해서 '더하다'는 의미가 생성되었고, 후에 '이득'의 의미까지 파생되었다. '더하다'나 '유익하다'를 의미할 때는 '익'이라 발음하고 '넘치다'의 의미일 때는 '일'로 발음한다.

편익(便益) : 편할 편(便)과 더할 익(益)으로, 편리하고 유익함.
[예문] 그들은 모든 것을 인간 중심, 특히 인간의 편익을 중심으로 생각했다.

〖　　키워드로 보는 사자성어, #해로움(害)　　〗

이해타산(利害打算) : 이로움과 해로움을 따져 헤아리는 일.
（예문） 그는 아주 영악하고 이해타산이 빠른 사람이다.

이해득실(利害得失) : 이로움과 해로움 및 얻음과 잃음.
（예문） 통일의 문제는 이해득실을 떠나 가치중립적으로 살펴보아야 한다.

안면방해(顔面妨害) : 잠잘 때 요란스럽게 굴어서 잠을 못 자게 함.
（예문） 한밤중에 그가 안면방해를 하여, 충분한 수면을 취하지 못했다.

〖　　백해무익, 이럴 때 이렇게　　〗

1. 흡연은 백해무익한 습관으로, 금연이 건강을 지키는 데 필수적이다.

2. 매일 밤늦게까지 술을 마시는 것은 백해무익이다.

3. 폭식은 백해무익한 습관으로, 건강을 해치고 삶의 질을 떨어뜨린다.

4. 소문을 퍼뜨리는 것은 백해무익한 행동일 뿐 아니라, 다른 사람들에게도 해를 끼친다.

5. 환경을 오염시키는 플라스틱을 과도하게 사용하는 것은 백해무익하다.

여섯째 마당

언행

말도 아름다운 꽃처럼
그 색깔과 향기를 지니고 있다.

●

말은 마치 신비로운 정원의 꽃처럼,
각기 다른 색깔과 향기를 지니고 있습니다.
그 말의 음색과 어조는 꽃잎의 화려함을,
그 의미와 감정은 꽃의 은은한 향기를 닮아
사람들의 마음속에 깊은 감동의 향기를 남깁니다.

농담이나 장난삼아 한 일이
진실이 되어 버렸을 때

假弄成眞

가롱성진

가롱성진(假弄成眞)은 거짓으로 희롱한 것이, 진짜 이루어진다는 뜻으로, 사소한 농담이나 장난이 반복되면서 실제로 믿어지게 되거나 거짓된 행위가 반복되면서 진실로 여겨지는 상황을 표현할 때 사용되는 말입니다. 이 표현은 처음에는 거짓으로 시작한 말이나 행동이 계속되다 보면 나중에는 진짜처럼 된다는 의미를 담고 있습니다. 예를 들어 친구에게 장난으로 한 말이 반복되면 친구는 그 말을 진짜로 믿게 될 수 있으며, 직장 동료들 사이의 농담이 상사에게까지 퍼져 진실로 여겨질 수 있습니다. 가롱성진은 우리에게 거짓이나 장난이 반복되면 진실로 받아들여질 수 있다는 점을 경고하며, 책임감 있고 신중한 말과 행동을 통해 신뢰를 쌓아가야 함을 가르쳐 주는 지혜의 말입니다.

〚   한자를 알면 뜻이 보인다   〛

假弄成眞 : 거짓[假]으로 희롱[弄]한 것이 진짜[眞] 이루어짐[成]
실없이 한 일이 나중에 진실로 한 것처럼 됨.

한자 속 어휘의 발견

假 : 거짓 가, 11획 ──────────────────── 부수: 亻

사람 인(人)과 빌 가(叚)가 합하여 이루어진 모습으로, 사람에게 빌린 것이기에 '거짓'이나 '가짜'라는 뜻을 가진 글자가 되었다.

> 가칭(假稱) : 거짓 가(假)와 일컬을 칭(稱)으로, 이름을 임시로 지어 일컬음.
> [예문] 나는 회사에서 가칭 '국악사랑 모임'을 만들었다.

弄 : 희롱할 롱(농), 7획 ──────────────── 부수: 廾

구슬 옥(玉)과 받들 공(廾)이 합하여 이루어진 모습으로, 손으로 구슬을 가지고 장난하는 모양에서 '가지고 놀다'나 '희롱하다'라는 뜻을 갖는 글자가 되었다.

> 우롱(愚弄) : 어리석을 우(愚)와, 희롱할 롱(弄)으로, 사람을 바보로 여겨 비웃고 놀림.
> [예문] 나를 우롱하려 드는 놈들은 누구도 용서하지 않겠다.

成 : 이룰 성, 6획 ────────────────────── 부수: 戈

창 모(戊)와 못 정(丁)이 합하여 이루어진 모습으로, 충실하고 성하게 이루어져 간다는 의미에서 '이루다'나 '갖추어지다', '완성되다'라는 뜻을 가진 글자이다.

> 성시(成市) : 이룰 성(成)과 저자 시(市)로, 사람이 많이 모여 북적거림.
> [예문] 전염병 때문에 인근 병원이 환자들로 성시를 이루었다.

眞 : 참 진, 10획 ────────────────────── 부수: 目

비수 비(匕)와 눈 목(目), 숨을 은(乚), 여덟 팔(八)이 합하여 이루어진 모습으로, '참'이나 '진실'이라는 뜻을 가진 글자이다.

> 진상(眞相) : 참 진(眞)과 서로 상(相)으로, 일이나 사물의 참된 내용.
> [예문] 검찰은 이번 사건의 진상을 철저히 파악하겠다고 밝혔다.

〚　키워드로 보는 사자성어, #거짓말　〛

이와전와(以訛傳訛) : 거짓말에 또 거짓말이 생겨 자꾸 전하여 감.
예문　그 소문은 이와전와하여 걷잡을 수가 없었다.

서동부언(胥動浮言) : 거짓말을 퍼뜨려 인심을 소란하게 함.
예문　지금의 언론은 서동부언의 모습으로 진실을 호도하고 있다.

삼인성호(三人成虎) : 거짓말도 여러 사람이 하면 곧이듣게 된다는 말.
예문　유언비어가 삼인성호처럼 퍼져서 사실과 구분하기 어려워졌다.

〚　가롱성진, 이럴 때 이렇게　〛

1. 친구의 농담으로 시작한 취미가 이제는 전문적인 업무가 되어 가롱성진이 되어버렸다.

2. 그냥 농담 삼아 시작한 팬클럽이 가롱성진이라고, 어느새 큰 영향력을 가지게 되었다.

3. 처음엔 소수의 독서 모임으로 시작했지만, 지금은 전국적 규모의 동호회로 가롱성진 되었다.

4. 취미로 글을 쓰다가, 어느새 유명한 작가가 되다니, 정말 가롱성진이라는 말이 딱 맞아떨어지는 상황이었다.

5. 가짜 뉴스가 처음에는 우스갯소리로 퍼졌지만, 반복되면서 많은 사람들이 그것을 사실로 받아들였던 일은 가롱성진의 대표적인 사례다.

말이 일관되지 않으며 논리적이지 않을 때

語不成說

어불성설

   어불성설(語不成說)은 말이 되지 못하는, 말이라는 뜻으로, 어떤 말이나 주장, 논리가 전혀 타당하지 않고, 이치에 맞지 않음을 표현할 때 사용하는 성어입니다. 예를 들어, 사실에 근거하지 않은 주장이나 자기 모순적인 발언이 이에 해당합니다. 이런 경우, 그 주장은 타당하지 않기 때문에 설득력을 가지지 못합니다. 어불성설은 많은 의미를 지니고 있습니다. 첫째는 논리와 타당성입니다. 말을 할 때는 논리적이고 타당한 근거를 제시해야 설득력이 있게 됩니다. 둘째는 신중한 언어를 사용해야 합니다. 무조건 말하는 것이 아니라, 그 말이 타당하고 의미가 있는지를 고려해야 합니다. 셋째, 비판적 사고가 있어야 합니다. 다른 사람의 말을 듣거나 정보를 접할 때도, 그 말이 논리적이고 타당한지를 비판적으로 판단하는 능력을 길러야 합니다. 따라서 어불성설은 신중하게 생각하고 타당한 근거를 제시하여, 논리적인 언어로 바르게 사용되어야 함을 깨닫게 하는 말입니다.

〖 **한자를 알면 뜻이 보인다** 〗

語不成說 : 말[說]이 되지[成] 못하는[不] 말[語]
이치에 맞지 않아 말이 도무지 되지 않음.

한자 속 어휘의 발견

語 : 말씀 어, 14획 ──────────────────────────── 부수: 言

말씀 언(言)과 나 오(吾)가 합하여 이루어진 모습으로, 말과 이야기를 의미하여
'말씀'이나 '말하다'라는 뜻을 가지게 되었다.

> 은어(隱語) : 숨길 은(隱)과 말씀 어(語)으로, 특수한 집단이나 계층에서 남이 알아듣지
> 못하도록 자기네끼리만 쓰는 말.
> (예문) 모든 집단에는 그 집단 내에서만 통용되는 은어가 있게 마련이다.

不 : 아닐 불, 4획 ──────────────────────────── 부수: 一

땅속으로 뿌리를 내린 씨앗을 그린 것으로, 아직 싹을 틔우지 못한 상태라는 의미에서
'아니다'나 '못하다', '없다'라는 뜻을 가진 글자이다.

> 불명확(不明確) : 아니 불(不), 밝을 명(明), 확실할 확(確)으로, 확실하지 않음.
> (예문) 현재 개표 상황을 볼 때 이번 대선에서 누가 당선될지는 아직 불명확하다.

成 : 이룰 성, 6획 ──────────────────────────── 부수: 戈

창 모(戊)와 못 정(丁)이 합하여 이루어진 모습으로, 충실하고 성하게 이루어져 간다는
의미에서 '이루다'나 '갖추어지다', '완성되다'라는 뜻을 가진 글자이다.

> 성공(成功) : 이룰 성(成)과 공 공(功)으로, 목적을 이룸. 뜻을 이룸
> (예문) 창식이는 사업을 여러 번 실패했지만, 결국 음식점으로 크게 성공했다.

說 : 말씀 설, 14획 ──────────────────────────── 부수: 言

말씀 언(言)과 기쁠 태(兌)가 합하여 이루어진 모습으로, 자세히 풀어서 하는 이야기를
의미하여 '말씀'이나 '이야기하다'라는 뜻을 가지게 되었다.

> 사설(社說) : 모일 사(社)와 말씀 설(說)로, 신문, 잡지 등에서 펴낸이의 주장을 실어
> 펼치는 논설.
> (예문) 김 선생은 논술을 잘하려면 사설을 많이 읽어 두는 것이 좋다고 충고했다.

〖　　키워드로 보는 사자성어, #말씀 설(說)　　〗

음담패설(淫談悖說) : 음탕하고 도리에 어긋나는 이야기.
(예문) 대화가 음담패설로 이어지자 더 이상 듣기가 곤란하여 자리에서 일어났다.

무근지설(無根之說) : 아무런 근거 없이 떠도는 말.
(예문) 그가 변절자라는 소문은 무근지설이다.

횡설수설(橫說竪說) : 조리가 없이 이것저것 되는대로 지껄임.
(예문) 종열이는 술에 취해 자신의 신세 한탄을 횡설수설 늘어놓았다.

〖　　어불성설, 이럴 때 이렇게　　〗

1. 자신의 비리를 회사의 재정난과 결부시킨다는 것은 어불성설이다.

2. 인사에 불만을 품고 사표를 낸 사람이 해고라고 주장하는 것은 어불성설이다.

3. 어불성설인 억지 변명보다는 사실을 인정하고 개선하는 것이 더 현명하다.

4. 사실과 어긋나는 이야기를 하는 것은 어불성설이므로, 신뢰를 잃게 만든다.

5. 상황을 제대로 이해하지 못한 채 내린 결론은 어불성설에 불과하다.

질문과 전혀 상관없는
엉뚱한 답변만 늘어놓을 때

東問西答

동문서답

　동문서답(東問西答)은 동쪽을 물었는데 서쪽을 대답한다는 뜻으로, 질문의 의도나 요지를 제대로 파악하지 못하고 엉뚱한 대답을 할 때, 표현되는 말입니다. 즉, 이 표현은 질문자와 답변자의 의사소통이 제대로 이루어지지 않았을 때 또는 의도와는 전혀 다른 답을 했을 때 사용됩니다. 예를 들어, 고객이 제품의 고장 문제를 정확히 질문했지만, 판매원은 제품의 마케팅 전략에 관해 설명하여 문제 해결에 도움이 되지 않는 답변을 하는 경우를 들 수 있습니다. 동문서답은 상대방의 말을 경청하지 않으면 서로의 의도가 어긋나기 쉽고, 이는 결국 불필요한 오해와 갈등을 초래할 수 있습니다. 질문할 때는 명확하게 하고, 답변할 때는 상대의 의도를 정확히 파악하여 답하는 것이 바람직합니다. 소통은 단순한 말의 주고받음이 아니라, 마음과 마음의 교류라는 점을 잊지 말고 동문서답하지 않도록 서로의 소통을 위해 노력해야 한다는 점을 가르쳐 주고 있는 말입니다.

〚　　한자를 알면 뜻이 보인다　　〛

東問西答 : 동쪽[東]을 묻는[問]데 서쪽[西]을 대답[答]한다
묻는 말에 전혀 엉뚱한 대답을 하는 것을 비유한 말.

 한자 속 어휘의 발견

東 : 동녘 동, 8획 ──────────────────────── 부수: 木

나무 목(木)과 날 일(日)이 합하여 이루어진 모습으로, '동쪽'이나 '동녘'이라는 뜻을 가진 글자이다. 해가 나무의 중간쯤 올라간 상태로, 해가 떠오르는 방향인 '동쪽'의 의미가 생성되었다.

북동(北東) : 북녘 북(北)과 동녘 동(東)으로, 북쪽과 동쪽의 중간 방위.
[예문] 여기에서 북동 방향으로 가면 마을이 보일 겁니다.

問 : 들을 문, 13획 ──────────────────────── 부수: 口

문 문(門)과 입 구(口)가 합하여 이루어진 모습으로, '묻다'나 '방문하다'라는 뜻을 가진 글자이다.

자문(諮問) : 물을 자(諮)와 물을 문(問)으로, 전문적인 지식을 가진 사람이나 기관에 의견을 물음.
[예문] 최 선생님께서는 자문 위원으로 초대를 받아 내빈석에 앉아 계셨다.

西 : 서녘 서, 6획 ──────────────────────── 부수: 西

우뚝할 올(兀)과 입 구(口)가 합하여 이루어진 모습으로, '서녘'이나 '서쪽'이라는 뜻을 가진 글자이다. 본래 새가 보금자리에 들어온다는 의미에서 저녁 무렵의 해가 지는 방향인 '서쪽'을 의미한다.

서방(西方) : 서녘 서(西)과 모 방(方)으로, 서유럽의 자본주의 국가.
[예문] 구소련의 일부 작가들의 작품이 서방 자유 진영에서 출간되었다.

答 : 대답 답, 12획 ──────────────────────── 부수: 竹

대나무 죽(竹)과 합할 합(合)이 합하여 이루어진 모습으로, '대답하다'나 '회답하다'라는 뜻을 가진 글자이다. 옛날에는 대나무 파편을 이어붙여, 거기에 글을 작성하였다.

회답(回答) : 돌 회(回)와 대답할 답(答)으로, 물음이나 편지 따위에 대응하여 답함.
[예문] 친구에게 함께 저녁 먹자고 메시지를 보냈는데 아직 회답이 오지 않았다.

〚　　키워드로 보는 사자성어, #대답(答)　　〛

필문필답(筆問筆答) : 글로 써서 묻고 글로 써서 답함.
(예문) 그는 청각 장애자였기 때문에 필문필답 형식으로 질문하고 답하였다.

우문현답(愚問賢答) : 어리석은 질문에 대한 현명한 대답.
(예문) 곤혹스러운 질문에 재치 있는 답변을 하자 기자들은 우문현답이라며 감탄했다.

질의응답(質疑應答) : 묻고 대답함.
(예문) 학회 발표가 끝난 뒤 청중들과의 질의응답으로 이어졌다.

〚　　동문서답, 이럴 때 이렇게　　〛

1. 교수가 학생에게 연구 결과에 대한 질문을 했지만, 학생이 과거의 개인적인 경험담을 이야기하며 동문서답을 하여 교수는 답변의 실질적인 내용을 알 수 없었다.

2. 회의 중에 팀원이 프로젝트의 예산 문제에 대해 질문하자, 다른 팀원이 동문서답으로 자신의 취미 이야기만 늘어놓아 팀원들 사이에서 불만이 생겼다.

3. 그는 누가 요즘 무엇을 하느냐고 물어보면 늘 정치가 어떻다는 둥, 교육 문제가 어떻다는 둥 동문서답하기 일쑤였다.

4. 정치 스캔들에 대해 기자가 질문을 했지만, 정치인은 동문서답으로 회피하려고 했다.

5. 친구가 새로 시작한 사업에 대한 조언을 묻자, 나는 동문서답으로 내가 최근에 읽은 책에 관한 이야기만 늘어놓아 친구는 실질적인 도움이 되지 않는 답변을 들었다.

듣도 보도 못한
새로운 소식이나 이야기를 접했을 때

今始初聞

금시초문

　금시초문(今時初聞)은 지금 비로소 처음 듣는다는 뜻으로, 전혀 듣도 보도 못한, 새로운 소식이나 이야기를 접했을 때 사용되는 표현입니다. 즉 특정 정보나 사실을 지금까지 전혀 접해본 적이 없어 처음으로 듣거나 알게 되는 감정이나 상황을 묘사할 때 사용합니다. 금시초문이라는 말의 유래는 지금까지 정확히 밝혀지지 않았으나 불교 경전에서 비슷한 의미를 가진 표현이 있었고, 이것이 변형되어 금시초문이라는 말이 생겨났다는 설과 일상생활에서 자연스럽게 만들어진 표현이라는 설이 있습니다. 금시초문은 새로운 지식이나 진리를 처음 접할 때는 겸손하고 열린 마음으로 받아들이는 것이 중요합니다. 자신의 기존 신념이나 지식을 다시 검토하고 새로운 통찰을 받아들일 준비가 되어있어야 함을 의미하는 말입니다.

〚　**한자를 알면 뜻이 보인다**　〛

今始初聞 : 이제야[今] 비로소[始] 처음[初] 들음[聞]
처음 듣는 소문이나 이야기.

한자 속 어휘의 발견

今 : 이제 금, 4획 — 부수: 人

합할 합(合)과 비슷한 모양의 글자로, 시간, 세월이 흐르고 쌓여 지금에 이르렀다는 의미에서 '지금', '이제', '오늘', '곧' 이라는 뜻이 생성되었다.

금번(今番) : 이제 금(今)과 차례 번(番)으로, 이제 돌아온 바로 이 차례.
(예문) 금번 토요일에는 동호회 회원들과 야간 산행을 가기로 했다.

始 : 비로소 시, 8획 — 부수: 女

여자 여(女)와 별 태(台)가 합하여 이루어진 모습으로, 始의 본뜻은 '잉태한 여자'이다. 이로부터 모든 일의 처음이나 시초를 뜻하는 의미를 갖게 되었다.

시발(始發) : 처음 시(始)와 필 발(發)로, 맨 처음으로 출발. 또는 처음으로 시작되다.
(예문) 이 역이 완성되면 새로 놓일 철도의 시발 지점이 될 것이다.

初 : 처음 초, 7획 — 부수: 刀

옷 의(衤)와 칼 도(刀)가 합하여 이루어진 모습으로, '처음'이나 '시작'이라는 뜻을 가진 글자이다. 옷을 만들 때 옷감을 마름질하는 것이 첫 번째 과정이라는 의미에서 '처음'이라는 뜻이 생성되었다.

초입(初入) : 처음 초(初)와 들 입(入)으로, 골목이나 마을 등에 들어가는 어귀.
(예문) 그는 오솔길 초입에서 오른편으로 걸음을 꺾었다.

聞 : 들을 문, 14획 — 부수: 耳

문 문(門)과 귀 이(耳)가 합하여 이루어진 모습으로, '듣다'나 '들리다'라는 뜻을 가진 글자다.

추문(醜聞) : 더러울 추(醜)와 들을 문(聞)으로, 더럽고 좋지 못한 소문.
(예문) 일부 연예인들이 사회적으로 불미스러운 추문을 일으켰다.

〖　　키워드로 보는 사자성어, #듣다(聞)　　〗

전대미문(前代未聞) : 이제까지 들어 본 적이 없다는 뜻.
예문 우리 회사에서 이번에 새로 계획한 사업은 전대미문의 새로운 도전이라 할 만하다.

다문박식(多聞博識) : 보고 들은 것이 많고 아는 것이 풍부함.
예문 그는 다문박식해서 모르는 게 없다.

과문천식(寡聞淺識) : 보고 들은 것이 적고 지식의 정도가 얕음.
예문 영신이는 대인관계는 좋으나 과문천식한 것이 흠이다.

〖　　금시초문, 이럴 때 이렇게　　〗

1. 그의 새로운 사업 아이디어를 금시초문으로 듣고 나서, 그가 어떤 계획을 가지고 있는지 자세히 알아보고 싶다.

2. 새로운 정책에 대한 소식을 금시초문으로 접하게 되었고, 어떤 변화가 있을지 궁금하다.

3. 지금까지 그가 해외로 출장을 가는 계획을 듣지 못했는데, 금시초문으로 알게 되어서 좀 놀랐다.

4. 그는 그녀와의 열애설에 대해 금시초문이라고 해명했다.

5. 어제 회의에서 발표된 프로젝트 변경 사항을 금시초문으로 알게 되어, 즉시 자세한 사항을 파악해야 할 것 같다.

남의 말을 귀담아듣지 않고
그냥 흘려버릴 때

馬耳東風

마이동풍

　마이동풍(馬耳東風)은 말의 귀에 부는 동쪽 바람이라는 뜻으로, 말의 귀에 동쪽에서 불어오는 바람이 스쳐 지나가는 상황을 묘사하는 말로, 어떤 말을 들었으나 전혀 신경 쓰지 않고 무시하는 상황을 표현할 때 사용하는 말입니다. 예를 들어, 친구가 자신의 행동에 대한 걱정을 표현했지만, 친구의 조언을 귀담아듣지 않고 자신의 행동을 계속해서 반복한 결과, 두 사람 사이의 관계가 점점 악화하는 경우를 들 수 있습니다. 다른 사람의 진심 어린 조언과 경고가 아무리 소중한 것일지라도, 우리의 귀가 닫혀 있을 때, 그 조언은 그저 지나가는 바람이 되고 말 것입니다. 바람이 지나가는 자리에 아무런 흔적도 남지 않듯이, 우리가 그 조언을 귀담아듣지 않는다면 우리의 삶에도 아무런 변화가 일어나지 않을 것입니다. 우리가 진정으로 성장하고 발전하기 위해서는 열린 마음과 경청의 자세가 필요하다는 가르침을 주는 말입니다.

〚　　한자를 알면 뜻이 보인다　　〛

馬耳東風 : 말[馬]의 귀[耳]에 부는 동쪽[東] 바람[東]
　　　남의 말에 귀 기울이지 아니하고 그냥 지나쳐 흘려 버림.

한자 속 어휘의 발견

馬 : 말 마, 10획 ─────────────────────── 부수: 馬

'말'을 뜻하며, 갑골문을 보면 말의 특징을 표현하기 위해 큰 눈과 갈기가 함께 그려져 있다.

> 마필(馬匹) : 말 마(馬)와 짝 필(匹)로, 말 몇 마리.
> (예문) 마부는 마필을 잘 다루어야 한다.

耳 : 귀 이, 6획 ─────────────────────── 부수: 耳

'귀'나 '듣다'라는 뜻을 가진 글자로, 사람의 귀를 그린 것이다. 귀의 기능인 '듣다'와 관련된 뜻을 전달한다.

> 이명증(耳鳴症) : 귀 이(耳)와 울 명(鳴), 증세 증(症)으로, 귀에 잡음이 들리는 현상.
> (예문) 이명증은 청력 기관의 이상 흥분에 의해서 생기는 소음감이다.

東 : 동녘 동, 8획 ─────────────────────── 부수: 木

나무 목(木)과 날 일(日)이 합하여 이루어진 모습으로, '동쪽'이나 '동녘'이라는 뜻을 가진 글자이다. 해가 나무의 중간쯤 올라간 상태로, 해가 떠오르는 방향인 '동쪽'의 의미가 생성되었다.

> 동분서주(東奔西走) : 여기저기 사방으로 분주하게 다니다.
> (예문) 선거철이 되면 수많은 정치 지망생이 정치에 입문하기 위해 동분서주한다.

風 : 바람 풍, 9획 ─────────────────────── 부수: 風

새 나는 모양 수(几)와 벌레 충(虫)이 합하여 이루어진 모습으로, 봉황의 깃털로 바람 의미를 표현한 것으로 보거나, 凡이 '널리 퍼지다'는 의미가 있어 '바람'의 뜻으로 쓰이는 글자이다.

> 풍문(風聞) : 바람 풍(風)과 들을 문(聞)으로, 바람결에 떠도는 소문.
> (예문) 항간의 풍문을 모두 믿지는 마라.

〚　　키워드로 보는 사자성어, #귀 (耳)　　〛

우이독경(牛耳讀經) : 소귀에 경 읽기라는 뜻.
[예문] 은영이는 너무 고집이 세서 어떻게 말해도 우이독경이다.

역이지언(逆耳之言) : 신랄한 충고를 이르는 말.
[예문] 그 정치인은 지역주민의 역이지언을 겸허히 받아들였다.

추풍과이(秋風過耳) : 가을바람이 귀를 스쳐 간다는 뜻으로 어떤 말도 귀담아듣지 않음.
[예문] 추풍과이라고 인규는 어떤 말도 귀담아듣지 않고 독단적으로 행동한다.

〚　　마이동풍, 이럴 때 이렇게　　〛

1. 그들은 내 말을 들은 체 만 체 마이동풍으로 먼 산만 쳐다보고 있었다.

2. 고객의 불만 사항을 해결하기 위해 제시된 개선 방안을 경청하지 않고 마이동풍처럼 무시한 결과, 고객의 신뢰를 잃게 되었다.

3. 정부의 금연 캠페인이 시민들에게 마이동풍이 되어 버린 것은 아쉬운 일이다.

4. 그는 팀원들이 제안한 개선 방안을 마이동풍처럼 무시하고, 자신의 방식만을 고집했다.

5. 환경보호에 대한 중요성을 강조했지만, 관심이 없는 이들에게는 그저 마이동풍이었다.

6. 그가 친구들의 충고를 마이동풍처럼 지나쳤기 때문에, 결국 같은 실수를 반복하게 되었다.

입은 있으나
변명할 말이 없음을 뜻할 때

有口無言

유구무언

    유구무언(有口無言)은 입은 있지만 할 말이 없다는 뜻으로, 보통 변명의 여지가 없을 만큼 명백한 잘못을 저질렀거나, 상황이 너무 절망적이어서 아무런 말도 할 수 없는 상황을 표현할 때 사용하는 말입니다. 유구무언은 단순히 말이 없는 상태를 넘어, 인간의 내면 깊숙한 곳에 자리 잡은 복잡한 감정과 심리 상태를 표현합니다. 변명의 여지가 없는 상황이거나, 깊은 후회와 자책감에 빠지거나, 어떠한 노력에도 불구하고 상황이 나아질 기미가 보이지 않아 절망에 빠지거나, 마음속에 큰 상처를 입어 말문이 막힌 듯한 슬픔에 빠져 있을 때 표현할 수 있는 말입니다. 이럴 때일수록 자기의 생각이나 감정을 명확히 전달해야 하며, 침묵이나 무표현이 불가피할 때는 그 이유를 분명히 밝혀야 합니다.

〚　　　한자를 알면 뜻이 보인다　　　〛

有口無言 : 입[口]은 있지만[有] 말이[言] 없다[無]
변명할 말이 없음.

한자 속 어휘의 발견

有 : 있을 유, 6획 ──────────────────────── 부수: 月

또 우(又)와 육달 월(月)이 합하여 이루어진 모습으로 '있다', '존재하다', '가지고 있다', '소유하다'라는 뜻을 가진 글자이다. 손에 고깃덩이를 들고 있는 모양에서 '가지고 있다'는 소유의 의미가 생성되었다.

> 유기적(有機的) : 있을 유(有)와 베틀 기(機), 과녁 적(的)으로, 조직이나 구성 요소 등이 긴밀하게 연관되어 떼어낼 수 없는.
> (예문) 사회는 여러 요소가 유기적으로 관계를 맺고 있는 하나의 총체적인 결합체이다.

口 : 입 구, 3획 ──────────────────────── 부수: 口

'입'이나 '입구', '구멍'이라는 뜻을 가진 글자이다. 사람의 입 모양을 본떠 그린 것이기 때문에 '입'이라는 뜻을 갖게 되었다.

> 포구(浦口) : 개 포(浦)와 입 구(口)로, 배가 드나드는 개의 어귀.
> (예문) 이곳은 어선들이 한가로이 고기잡이를 하는 한적한 포구이다.

無 : 없을 무, 12획 ──────────────────────── 부수: 灬

춤출 무(舞)의 초문으로서, 가뭄 때 춤을 추면서 비를 기원하는 것을 의미한다. 가뭄이 들어 물이 없기 때문에, '없다'의 의미를 갖게 되었다.

> 허무(虛無) : 빌 허(虛)와 없을 무(無)로, 진리나 인생 따위가 공허하고 무의미함.
> (예문) 나는 한때 허무와 절망에 빠져 방황하며 지냈었다.

言 : 말씀 언, 7획 ──────────────────────── 부수: 言

넉 사(亖)와 입 구(口)가 합해진 모습으로, '말씀'이나 '말'이라는 뜻을 가진 글자이다. 갑골문을 보면 口가 나팔을 부는 모습이라는 설도 있는데, 입에서 소리가 퍼져나가는 모습을 그린 것으로 부수로 쓰일 때는 '말하다'와 관계된 뜻을 전달하게 된다.

> 과언(過言) : 지날 과(過)와 말씀 언(言)으로, 정도에 지나친 말.
> (예문) 우리의 인생은 긴장과 갈등의 연속이라고 해도 과언이 아니다.

〖　　키워드로 보는 사자성어, #변명　　〗

축조발명(逐條發明) : 낱낱이 따져 가며 죄가 없음을 변명함.
[예문] 그 변호사는 그가 죄가 없음을 재판과정에서 축조발명 변론하였다.

변명무로(辨明無路) : 변명할 길이 없음.
[예문] 혜영이는 선생님께 지각한 이유를 설명하지 못한 채 변명무로로 서 있기만 했다.

훼장삼척(喙長三尺) : 주둥이 길이가 석 자나 길어도 변명할 수 없다는 뜻.
[예문] 경찰은 범인에게 잘못을 조목조목 따져 물었으나 그는 훼장삼척일 따름이었다.

〖　　유구무언, 이럴 때 이렇게　　〗

1. 나는 그의 잘못을 조목조목 따져 물었으나 그는 유구무언일 따름이었다.

2. 그 정치인은 부정부패, 권력 남용 따위를 성토하는 자리에선 유구무언이었다.

3. 모두 내 잘못이니 유구무언일세.

4. 친구에게 미안한 마음을 전하려 했지만, 그는 유구무언 아무런 대답을 하지 않았다.

5. 법정 앞에서 그녀는 유구무언이었지만, 결국 진실이 밝혀져 무죄를 선고받았다.

6. 그의 부모님이 갑작스럽게 돌아가셨다는 소식을 들었을 때, 나는 유구무언으로 그를 바라볼 수밖에 없었다.

옳고 그름을 따지느라
말로 옥신각신할 때

說往說來

설왕설래

　설왕설래(說往說來)는 말을 주거니 받거니 한다는 뜻으로, 어떤 일에 대해 여러 가지 의견이 오가며 끊임없이 논쟁이 벌어지는 상황을 표현할 때 사용하는 성어입니다. 예를 들어, 회사의 프로젝트 방향에 대한 회의에서 여러 팀원이 각기 다른 의견을 내놓으며 끊임없이 토론을 벌이는 상황을 상상해 볼 수 있습니다. 우리는 서로 다른 의견이나 주장을 주고받는 토론을 끊임없이 접하게 됩니다. 대화나 토론이 길어지며 의견이 충돌하고, 때로는 복잡한 갈등으로 발전하게 되는 경우가 있습니다. 그러나 논쟁이나 토론을 통해 서로 다른 관점을 듣고 이해하는 것은 사고의 폭을 넓히고 더 나은 결론에 도달할 수 있는데 도움이 됩니다. 또한 의견이 다를 때에도 대화를 통해 서로의 입장을 명확히 하고 오해를 풀 수 있습니다. 설왕설래는 소통과 협력의 방법을 배우고, 더 좋은 결론에 도출할 수 있는 능력을 키워야 한다는 가르침을 주는 표현입니다.

〚　　한자를 알면 뜻이 보인다　　〛

說往說來 : 말[說]을 주거니[往] 말[說]을 받거니[來] 함
옳고 그름을 따지느라 옥신각신함.

한자 속 어휘의 발견

說 : **말씀 설, 14획** ──────────────── 부수: 言

말씀 언(言)과 기쁠 태(兌)가 합하여 이루어진 모습으로, 자세히 풀어서 하는 이야기를 의미하여 '말씀'이나 '이야기하다'라는 뜻을 가지게 되었다.

가설(假說) : 거짓 가(假), 말씀 설(說)로, 어떤 사실을 설명하거나 어떤 이론 체계를 연역하기 위하여 설정한 가정.
(예문) 논문의 가설을 설정할 때, 지도교수의 도움을 받는 것이 좋다.

往 : **갈 왕, 8획** ──────────────── 부수: 彳

조금 걸을 척(彳)과 주인 주(主)가 합하여 이루어진 모습으로, '가다'나 '향하다'라는 뜻을 가진 글자이다.

왕래(往來) : 갈 왕(往)과 올 래(來)로, 오고 감.
(예문) 친구와 다툰 이후로 왕래가 뜸해졌다.

說 : **말씀 설, 14획** ──────────────── 부수: 言

말씀 언(言)과 기쁠 태(兌)가 합하여 이루어진 모습으로, 자세히 풀어서 하는 이야기를 의미하여 '말씀'이나 '이야기하다'라는 뜻을 가지게 되었다.

논설(論說) : 논할 논(論)와 말씀 설(說)로, 어떤 주제에 관하여 자기의 의견이나 주장을 조리 있게 설명함.
(예문) 문장력을 기르려면 논설을 많이 읽는 것이 좋다.

來 : **올 래, 8획** ──────────────── 부수: 人

쫓을 종(从)과 나무 목(木)이 합하여 이루어진 모습으로, '오다'나 '돌아오다', '앞으로'라는 뜻을 가진 글자이다.

내방(來訪) : 올 래(來)와 찾을 방(訪)으로, 만나기 위하여 찾아옴.
(예문) 이가 아프면 미루지 말고 빨리 치과를 내방해야 한다.

〖   키워드로 보는 사자성어, #설왕설래 유의어   〗

언왕언래(言往言來) : 옳고 그름을 따지느라 말로 옥신각신함.
(예문) 친구들은 모임 규칙을 놓고 언왕언래하였다.

언삼어사(言三語四) : 여러 말이 서로 오고감.
(예문) 장원이의 행동에 대해 주변 친구들은 서로 언삼어사하였다.

언거언래(言去言來) : 옳고 그름을 따지느라 여러 말이 서로 오고 감.
(예문) 이제 언거언래는 그만하고 실무에 착수해야 합니다.

〖   설왕설래, 이럴 때 이렇게   〗

1. 정치권에서는 개헌을 둘러싸고 설왕설래가 한창이다.

2. 주식이 엄청나게 뛸 거라고 설왕설래하더니 그 사건이 터지자 그런 이야기는 금방 쏙 들어가 버렸다.

3. 신제품 출시 일정에 대한 의견이 엇갈려 회의에서 설왕설래가 계속되었다. 각 부서의 의견을 조율하기 위해 추가 회의가 필요할 것 같다.

4. 가족 여행지 결정 문제로 부모님과 형제들 사이에서 설왕설래가 일어났다. 결국, 모두가 만족할 수 있는 중간 지점을 찾기로 했다

5. 아침부터 그들은 재개발 문제로 설왕설래했지만 결국 결론을 내지 못했다.

너무 황당하거나 어처구니없어서
말로 표현할 수 없을 때

言語道斷

언어도단

언어도단(言語道斷)은 말할 길이 끊어졌다는 뜻으로, 어떤 상황이나 행동이 너무 황당하거나 어처구니없어서 말로 할 수가 없음을 표현할 때 사용되는 말입니다. 언어도단의 원래 의미는 말로는 표현할 수 없는 최상의 진리 또는 이심전심으로만 전수되는 진리의 본체를 가리키는 것이었습니다. 즉, 언어로는 도저히 잘라 말할 수 없는 도(道)의 경지나 언어 바깥의 경지에 있는 도를 말합니다. 이 말이 오늘날에는 '너무 사리에 어긋나서 이루 말로 할 수 없음'으로 뜻이 전이되었습니다. 예를 들어, 어떤 사건이 너무도 충격적이어서 말을 잃거나, 너무 아름다워서 감동을 언어로 설명할 수 없는 상황을 나타냅니다. 언어도단은 어떤 상황이나 행동이 너무 극단적이어서 말로 설명할 수 없는 상황이 있음을 인식하고, 그러한 상황에서는 신중하게 판단하고 대응하는 것이 중요하다는 점을 일깨워주는 말입니다.

〚   한자를 알면 뜻이 보인다   〛

言語道斷 : 말할[言][語] 길[道]이 끊어졌다[斷]
어이가 없어서 말문이 막힘.

한자 속 어휘의 발견

言 : 말씀 언, 14획 — 부수: 言

넉 사(亖)와 입 구(口)가 합해진 모습으로, '말씀'이나 '말'이라는 뜻을 가진 글자이다. 갑골문을 보면 口가 나팔을 부는 모습이라는 설도 있는데, 입에서 소리가 퍼져나가는 모습을 그린 것으로 부수로 쓰일 때는 '말하다'와 관계된 뜻을 전달하게 된다.

발언(發言) : 필 발(發)과 말씀 언(言)으로, 말을 꺼내어 의견을 말함. 또는 그 말.
(예문) 무책임한 발언에 대하여 사과합니다.

語 : 말씀 어, 14획 — 부수: 言

말씀 언(言)과 나 오(吾)가 합하여 이루어진 모습으로, '말씀'이나 '말하다'라는 뜻을 가진 글자이다.

어조(語調) : 말씀 어(語)와 고를 조(調)로, 말의 가락. 말하는 투. 억양.
(예문) 그의 부탁하는 어조가 하도 간절해서 차마 거절할 수 없었다.

道 : 길 도, 13획 — 부수: 辶

쉬엄쉬엄 갈 착(辶)과 머리 수(首)가 합하여 이루어진 모습으로, '길'이나 '도리', '이치'라는 뜻을 가진 글자이다.

방도(方道) : 모 방(方)과 길 도(道)로, 어떤 일을 해 나갈 방법
(예문) 그 일을 추진해 나갈 방도를 찾아보시오.

斷 : 끊을 단, 18획 — 부수: 斤

이을 계(㡭)와 도끼 근(斤)이 합하여 이루어진 모습이다. 도끼로 실타래를 자르는 의미에서 '끊다'나 '결단하다'라는 뜻을 가진 글자이다.

금단(禁斷) : 금할 금(禁)과 끊을 단(斷)으로, 어떤 행위를 하지 못하게 금함.
(예문) 학교 안에 있는 여학생 회관은 남학생들에게는 금단의 구역이었다.

〖　키워드로 보는 사자성어, #말씀 언(言)　〗

부언유설(浮言流說) : 항간에 떠돌아다니는 소문.
(예문) 유명 연예인은 부언유설 때문에 매우 힘들어하고 있다.

대언장담(大言壯談) : 자기 주제에 맞지 않는 말을 잘난체하며 지껄임.
(예문) 슬기는 이번 수상자는 자기가 될 것이라고 대언장담하면서 우쭐대고 있다.

언행일치(言行一致) : 말과 그에 따른 행동이 일치함.
(예문) 그는 언행일치를 추구하기 때문에 한 번 말한 것은 반드시 지키려고 애쓴다.

〖　언어도단. 이럴 때 이렇게　〗

1. 그녀의 갑작스러운 사고 소식을 접한 순간, 나는 슬픔과 놀라움이 겹쳐서 언어도단의 상태에 이르렀고, 그저 멍하니 있을 뿐이었다.

2. 그의 갑작스러운 사고 소식을 들었을 때, 나는 언어도단으로 그저 눈물만 흘릴 수밖에 없었다.

3. 자기 앞가림도 못하는 사람이 남의 인생에 훈계를 두다니 언어도단이 아닐 수 없다.

4. 그의 용감한 행동은 모든 이들을 감동시켰고, 언어도단으로 그의 용기와 희생을 표현하기 어려웠다.

5. 그 아름다운 풍경을 보고 나서는 아무리 말을 해도 언어도단이었다. 사진으로도 그 감동을 전하기 부족했다.

다수의 사람이 한목소리로
같은 의견을 표현할 때

異口同聲

이구동성

　이구동성(異口同聲)은 입은 다르지만 같은 소리를 낸다는 뜻으로, 여러 사람이 의견을 일치시켜 같은 말을 한다는 의미입니다. 주로 다수의 사람이 한목소리로 같은 의견을 말할 때, 표현되는 성어입니다. 이구동성은 여러 사람이 같은 의견을 가질 때 더 큰 힘을 발휘할 수 있다는 점에서 단결의 중요성을 가르치고 있습니다. 예를 들어, 환경 보호의 필요성에 관한 토론에서, 다양한 분야의 전문가들과 일반 시민들이 각자의 관점에서 의견을 제시해 결론에 도달하는 경우를 말합니다. 이는 사람들이 협력하여 하나의 목표를 위해 힘을 모으는 일이 얼마나 중요한 것인지를 가르치며, 공공의 목표를 위해 한목소리로 의견을 표현할 때, 팀워크와 협동의 가치를 일깨워주는 말입니다. 그러므로 이구동성은 개인의 의견과 차이를 존중하면서도, 공동의 목표를 이루기 위해 함께 노력해야 한다는 점을 가르치고 있는 지혜의 말입니다.

〚　　한자를 알면 뜻이 보인다　　〛

異口同聲 : 입[口]은 다르지만[異] 같은[同] 소리[聲]를 냄
　　　　　여러 사람의 말이 한결같음.

한자 속 어휘의 발견

異 : 다를 이(리), 11획 — 부수: 田

밭 전(田)과 함께 공(共)이 합하여 이루어진 모습으로, '이는 두 개의 다른 형태가 함께 있는 모양을 나타내어 다르다'나 '기이하다'라는 뜻을 가지게 되었다.

경이적(驚異的) : 놀랄 경(驚)과 다를 이(異), 과녁 적(的)으로, 놀랍고 이상스럽게 여길 만한 것.
(예문) 한 개미 투자가가 경이적인 수익률을 올려 증권가를 놀라게 했다.

口 : 입 구, 3획 — 부수: 口

'입'이나 '입구', '구멍'이라는 뜻을 가진 글자이다. 사람의 입 모양을 본떠 그린 것이기 때문에 '입'이라는 뜻을 갖게 되었다.

구미(口味) : 입 구(口)와 맛 미(味)로, 무엇을 즐기거나 좋게 여기는 마음.
(예문) 이번 광고의 관건은 실버 세대의 구미를 만족시켜야 한다.

同 : 한가지 동, 6획 — 부수: 口

무릇 범(凡)과 입 구(口)가 합하여 이루어진 모습이다. 口를 제외한 부분은 일정한 장소의 의미로, 사람들(口)이 일정 장소에 '모이다'는 의미가 생성되었으며, 후에 함께 모였다는 의미에서 '한가지', '같다' 등의 의미가 파생되었다.

혼동(混同) : 섞을 혼(混)과 한가지 동(同)으로, 서로 다른 사물을 구별하지 못하고 뒤섞어서 봄.
(예문) 유사하지만 다른 단어들을 혼용하는 것은 개념상의 혼동 때문이다.

聲 : 소리 성, 17획 — 부수: 耳

소리 성(声)과 몽둥이 수(殳), 귀 이(耳)가 합하여 이루어진 모습으로, '소리'나 '노래'라는 뜻을 가진 글자이다. 막대로 때려 소리를 낸다는 모양 아래에 귀를 그린 형태로, 음악을 연주하는 '소리'의 의미가 생성되었다.

성원(聲援) : 소리 성(聲)과 도울 원(援)으로, 남이 하는 일이 잘되도록 격려하거나 도와줌.
(예문) 수많은 시민들의 성원으로 수재민 돕기 운동이 큰 성과를 거뒀다.

〚　　키워드로 보는 사자성어, #소리 성(聲)　　〛

노발대성(怒發大聲) : 몹시 화가 나서 성을 내며 지르는 큰 목소리.
(예문) 할아버지는 손자를 노발대성으로 꾸짖으셨다.

대성통곡(大聲痛哭) : 큰 소리로 몹시 슬프게 욺.
(예문) 예은이는 학예발표회에 부모님이 오지 않았다며 대성통곡을 하였다.

방성통곡(放聲痛哭) : 목놓아 크게 울다.
(예문) 그는 민주화 운동을 하다가 목숨을 잃은 김 씨의 무덤 앞에서 방성통곡하였다.

〚　　이구동성, 이럴 때 이렇게　　〛

1. 철학을 전공한 사람들은 이구동성으로 칸트를 알아야 서양철학을 논할 수 있다고 말한다.

2. 회의 중, 모든 팀원이 새로운 마케팅 전략의 필요성에 대해 이구동성으로 의견을 모았다. 이로 인해 전략 변경이 신속하게 결정될 수 있었다.

3. 학교 급식의 질을 개선하자는 학생들의 요구가 이구동성으로 모여, 학교 측은 즉각적인 개선 조치를 취하게 되었다.

4. 영화의 시사회에 참여한 사람들은 이구동성으로 영화가 잘 될 것이라고 말했다.

5. 가족회의에서 여름 휴가지를 결정하는 과정에서, 각 가족 구성원들이 다양한 여행지에 대한 의견을 나눈 끝에, 모두가 제주도로 가자는 의견에 이구동성으로 동의했다.

어떤 상황에서
당연히 보여야 할 반응이나 입장표명이 없을 때

一言半句

일언반구

일언반구(一言半句)는 한마디의 말과 반 구절이라는 뜻으로, 아주 짧은 말이나 아무런 말이 없음을 의미하며, 주로 상대방에게 불만을 표현하거나 아쉬움을 표현할 때 사용하는 성어입니다. 일언반구는 여러 가지 의미를 지니고 있습니다. 먼저 문장 전체를 길게 늘어놓지 않고, 핵심적인 내용만 간결하게 전달하는 짧은 말의 의미와 한 문장을 완전히 끝맺지 않고 중간에 끊어버려, 상대방에게 궁금증이나 의도적으로 말을 아끼는 듯한 인상을 주는 반 구절의 의미 그리고 상황에 대한 설명이나 해명 없이 침묵을 지키는 아무런 말이 없는 상황을 의미합니다. 일언반구는 간단한 언급이나 짧은 설명만으로는 전체적인 이해나 명확한 판단을 내리기 어려울 수 있으며, 이는 오해나 혼란을 초래할 수 있습니다. 따라서 중요한 정보나 설명이 필요한 상황에서는 자세하고 구체적인 설명으로 표현하는 것이 중요하다는 점을 일깨워 주고 있습니다.

〚 **한자를 알면 뜻이 보인다** 〛

一言半句 : 한마디[一]의 말[言]과 반[半] 구절[句]
아주 짧은 말이나 말이 없는 상태.

한자 속 어휘의 발견

一 : 한 일, 1획 — 부수: 一

막대기 하나를 옆으로 눕혀놓은 모습을 그린 것으로, '하나'나 '첫째', '오로지'라는 뜻을 가진 글자다.

> 일개(一介) : 한 일(一)과 낱 개(介)로, 보잘것없는 한 낱.
> (예문) 어제의 장안 호걸이 오늘은 일개 초부가 되어 버렸다.

言 : 말씀 언, 7획 — 부수: 言

넉 사(亖)와 입 구(口)가 합해진 모습으로, '말씀'이나 '말'이라는 뜻을 가진 글자이다. 갑골문을 보면 口가 나팔을 부는 모습이라는 설도 있는데, 입에서 소리가 퍼져나가는 모습을 그린 것으로 부수로 쓰일 때는 '말하다'와 관계된 뜻을 전달하게 된다.

> 언급(言及) : 말씀 언(言)과 미칠 급(及)으로, 어떤 문제에 대해 말함.
> (예문) 그는 자신의 생활에 대해서는 남에게 일절 언급하지 않는다.

半 : 반 반, 5획 — 부수: 十

소 우(牛)와 여덟 팔(八)이 합하여 이루어진 모습으로, 본래 소를 도살한 후 반으로 가른다는 의미에서 '반'이나 '절반', '가운데'라는 뜻을 가지게 되었다.

> 태반(太半) : 클 태(太)와 반 반(半)으로, 절반이 지남. 반수 이상.
> (예문) 요즘 영화는 상업성에만 치우쳐 주제 의식이 없는 것이 태반이다.

句 : 글귀 구, 17획 — 부수: 口

쌀 포(勹)와 입 구(口)가 합하여 이루어진 모습으로, '글귀'라는 뜻을 가진 글자이다. 본래 갈고리로 물건을 끌어 올린다는 의미인데, 후에 문장의 '구절'의 의미로 파생되었다.

> 후렴구(後斂句) : 뒤 후(後)와 거둘 렴(斂), 글귀 구(句)로, 되풀이되어 나타나는 각 절의 마지막 구.
> (예문) 요즘은 후렴구에서 같은 부분이 반복되는 댄스곡이 대세이다.

〖　　키워드로 보는 사자성어, #한마디(一言)　　〗

일언반사(一言半辭) : 한마디의 말과 반구절.
예문　그는 자신의 과거에 관해서는 누구에게 일언반사도 비친 적이 없다.

편언절옥(片言折獄) : 한마디의 말로 송사의 시비를 가림.
예문　그 판사는 편언절옥의 능력을 발휘해 복잡한 사건을 명쾌하게 판결했다.

대갈일성(大喝一聲) : 크게 외치는 한마디의 소리나 꾸짖는 소리.
예문　스승님의 대갈일성에 우리는 스스로 어리석음을 깨달았다.

〖　　일언반구, 이럴 때 이렇게　　〗

1. 오빠가 내겐 일언반구도 없이 내 자전거를 처분해 버려서 너무 화가 났다.

2. 학교의 문제들을 선생님과 일언반구 의논도 없이 교장 선생님 독단으로 처리해 버렸다.

3. 인터뷰에서 후보자가 일언반구로만 자신의 경험을 설명했기 때문에, 면접관들은 그가 이 직무에 적합한지 충분히 판단할 수 없었다.

4. 아버지는 언성을 높여 매우 꾸중하셨으므로, 나는 일언반구의 대답을 못 한 채 물러났다.

5. 회의 중에 제안된 아이디어는 일언반구로만 설명되어, 그 구체적인 실행 방법이나 장점이 부족해서 참석자들 사이에서 큰 반향을 일으키지 못했다.

사람을 속이기 위해
듣기 좋은 말로 유혹할 때

甘言利說

감언이설

감언이설(甘言利說)은 달콤한 말과 이로운 이야기라는 뜻으로, 남의 비위를 맞추기 위해 듣기 좋은 말로 유혹하는 것을 표현할 때 사용하는 말입니다. 즉, 겉으로는 듣기 좋고 유익해 보이지만, 속으로는 다른 의도가 숨겨져 있는 말을 뜻합니다. 사람들은 종종 듣기 좋은 말에 속아 판단력을 잃어 사기나 유혹에 빠지게 됩니다. 예를 들어, 투자를 권유받을 때 너무 좋은 조건을 내세우는 말을 듣고 바로 결정해 버리는 순간, 이미 낭패를 보게 되는 경우입니다. 감언이설은 달콤한 말이나 유혹적인 제안이 제공될 때, 그 이면에 숨겨진 진실성을 검토하고, 신중하게 판단하는 것이 중요합니다. 겉으로 보이는 내용만으로 결정을 내리기보다는, 실질적인 정보와 세부 사항을 철저히 확인하는 것이 필요합니다. 이러한 자세는 속임수에 빠지지 않고, 더 나은 결정을 내리는 데 도움을 줄 수 있음을 깨닫기를 바랍니다.

〚 **한자를 알면 뜻이 보인다** 〛

甘言利說 : 달콤[甘]한 말[言]과 이로운[利] 이야기[說]
달콤한 말과 이로운 조건만 들어 그럴듯하게 꾸미는 말.

한자 속 어휘의 발견

甘 : 달 감, 5획 — 부수: 甘

입 구(口)에 획을 하나 그어 입안에 달콤한 맛을 느끼는 음식이 들어가 있는 상태를 그린 것으로, '달다', '맛 좋다', '만족하다'라는 뜻을 가지게 되었다.

> 감수(甘受) : 달 감(甘)과 받을 수(受)로, 책망이나 고통 따위를 달게 받아들임.
> (예문) 네가 나를 탓한다면 얼마든지 감수를 하겠다.

言 : 말씀 언, 7획 — 부수: 言

넉 사(亖)와 입 구(口)가 합해진 모습으로, '말씀'이나 '말'이라는 뜻을 가진 글자이다. 갑골문을 보면 口가 나팔을 부는 모습이라는 설도 있는데, 입에서 소리가 퍼져나가는 모습을 그린 것으로 부수로 쓰일 때는 '말하다'와 관계된 뜻을 전달하게 된다.

> 증언(證言) : 증거 증(證)과 말씀 언(言)으로, 사실을 증명함. 또는 그 말
> (예문) 그 소설은 현지 사람들의 실제 증언을 토대로 하고 있다.

利 : 이로울 이(리), 7획 — 부수: 刂

벼 화(禾)와 칼 도(刀)가 합하여 이루어진 모습으로, '이롭다'나 '유익하다', '날카롭다'라는 뜻을 가진 글자이다. 벼(禾)를 베는 칼(刀)의 의미에서 '날카롭다'는 의미가 생성, 후에 수확의 결과로 '이익'의 의미까지 파생되었다.

> 고리(高利) : 높을 고(高)와 이로울 리(利)로, 법정 이자를 초과하는 비싼 이자.
> (예문) 일반 서민은 담보가 없어 고리로 대출을 받을 수밖에 없다.

說 : 말씀 설, 14획 — 부수: 言

말씀 언(言)과 기쁠 태(兌)가 합하여 이루어진 모습으로, 자세히 풀어서 하는 이야기를 의미하여 '말씀'이나 '이야기하다'라는 뜻을 가지게 되었다.

> 낭설(浪說) : 물결 낭(浪), 말씀 설(說)로, 아무 근거 없이 널리 퍼진 소문.
> (예문) 소문의 당사자들은 그 소문이 낭설이라고 일축하였다.

〚　　키워드로 보는 사자성어, #비위　　〛

비위난정(脾胃亂定) : 비위가 뒤집혀 마음이 가라앉지 않음.
(예문) 저 정도로 비위난정이니 앞으로 겪을 일이 걱정이다.

승망풍지(承望風旨) : 망루에 올라 바람결을 헤아린다는 뜻으로, 윗사람의 비위를 잘 맞춤.
(예문) 저 친구는 승망풍지가 뛰어나니 성공하겠다.

무골호인(無骨好人) : 줏대가 없이 두루뭉술하여 남의 비위를 모두 맞추는 사람.
(예문) 그는 가늘지만 길게 살고 싶어서 무골호인같이 처세한다.

〚　　감언이설, 이럴 때 이렇게　　〛

1. 그는 온갖 협박과 감언이설에도 절대 넘어가지 않았다.

2. 판매원이 제품의 이점을 과장되게 설명하며 감언이설로 고객을 설득하려 했다.

3. 선거 캠페인에서 후보자가 유권자들에게 감언이설로 공약을 내세우며 표를 얻으려 했다.

4. 정치인들의 감언이설에 속지 말고, 그들의 실질적인 정책과 업적을 평가해야 합니다.

5. 그는 떼돈을 벌어 주겠다는 감언이설에 속아 장사 밑천을 떼이고 말았다.

6. 사기범이 피해자에게 감언이설로 투자 수익이 보장된다고 주장하며 돈을 유도했다.

7. 자동차 딜러가 고객에게 고급 자동차의 우수한 성능과 가치를 강조하며 감언이설로 판매를 유도했다.

호감을 얻기 위해
교묘한 말과 얼굴로 아첨하는 태도를 표현할 때

巧言令色

교언영색

　교언영색(巧言令色)은 교묘한 말과 좋게 꾸민 얼굴이라는 뜻으로, 사람에게 환심을 사기 위해 말을 교묘하게 하고 표정을 그럴싸하게 지어 아첨하는 태도를 표현할 때 사용하는 말입니다. 여기서 교언(巧言)은 교묘하고 달콤한 말, 영색(令色)은 외모나 표정의 꾸밈을 뜻합니다. 즉, 말과 표정으로 상대방을 유혹하거나 진심이 아닌 가식적인 말과 행동으로 상대방에게 좋은 인상을 주려는 시도를 뜻합니다. 이러한 표현은 종종 단기적인 결과를 얻기 위해 사용되며, 그 뒤에 숨겨진 진실성을 드러내지 않는 경우가 많습니다. 이는 과장되거나 꾸며진 말은 결국 신뢰를 한꺼번에 잃을 수 있으며, 진실하고 정직한 평가와 피드백이 중요하다는 사실을 일깨워주는 말입니다. 교언영색은 외적인 꾸밈보다 진정성과 솔직함의 중요하다는 점을 일깨워 주며, 진심 어린 소통과 내면의 성숙이 사람들과의 관계를 더욱 건강하고 아름답게 만들어준다는 가르침과 지혜를 주는 말입니다.

〚　　한자를 알면 뜻이 보인다　　〛

巧言令色 : 교묘한[巧] 말[言]과 좋게[令] 꾸민 얼굴[色]
아첨하는 말과 알랑거리는 태도.

한자 속 어휘의 발견

巧 : 공교할 교, 5획 — 부수: 工

장인 공(工)과 공교할 교(丂)가 합하여 이루어진 모습으로, '공교하다'나 '솜씨가 있다'라는 뜻을 가지며, 장인이 솜씨 있게 꾸민다는 의미에서 '겉만 교묘하게 꾸민다'는 의미로 확대되었다.

기교(技巧) : 재주 기(技)와 공교할 교(巧)로, 재간 있게 부리는 기술이나 솜씨.
(예문) 그 영화는 영상을 다루는 뛰어난 기교를 보였다.

言 : 말씀 언, 7획 — 부수: 言

넉 사(亖)와 입 구(口)가 합해진 모습으로, '말씀'이나 '말'이라는 뜻을 가진 글자이다. 갑골문을 보면 口가 나팔을 부는 모습이라는 설도 있는데, 입에서 소리가 퍼져나가는 모습을 그린 것으로 부수로 쓰일 때는 '말하다'와 관계된 뜻을 전달하게 된다.

조언(助言) : 도울 조(助)와 말씀 언(言)으로, 도움이 되도록 말로 거들거나 깨우쳐 줌.
(예문) 나는 이 곤혹스러운 문제에 대하여 몇몇 친구들에게 조언을 구하였다.

令 : 좋을 령(영), 4획 — 부수: 人

삼합 집(亼)과 병부 절(卩)이 합하여 이루어진 모습으로, '~하게 하다'나 '이를테면', '법령'이라는 뜻을 가진 글자이다.

발령(發令) : 필 발(發) 명령 령(令)으로, 임명, 해임 등 직책이나 직위와 관련된 공식적인 명령을 내림
(예문) 나는 처음에 시골 학교로 발령을 받아 교직 생활을 시작했다.

色 : 빛 색, 6획 — 부수: 色

칼도 도(⺈)와 꼬리 파(巴)가 합하여 이루어진 모습으로, '색채'나 '얼굴빛', '정욕'이라는 뜻을 가진 글자이다. 무릎을 꿇은 사람(巴) 위에 또 사람을 더해 남녀 사이의 정을 의미하는 '색정'을 뜻하며, 후에 얼굴색으로 인해 '색깔'의 의미로 파생되었다.

난색(難色) : 어려울 난(難)과 빛 색(色)으로, 이러지도 저러지도 못하는 어려운 기색.
(예문) 그녀의 날카로운 질문에 민호는 난색을 드러냈다.

〚　　키워드로 보는 사자성어, #아첨　　〛

첨유지풍(諂諛之風) : 아첨하는 버릇.
[예문] 김 대리는 늘 부장님께 첨유지풍하기 때문에, 동료들의 미움을 사고 있다.

연옹지치(吮癰舐痔) : 종기의 고름을 빨고, 치질 앓는 밑을 핥는다는 뜻으로, 남에게 지나치게 아첨함.
[예문] 김 대리의 과장 진급은 연옹지치의 결과라고 동료들은 말한다.

아유구용(阿諛苟容) : 남에게 아첨하며 구차스럽게 굶.
[예문] 그는 자존심이 강하고 남에게 아유구용을 하기 싫어하는 사람이다.

〚　　교언영색, 이럴 때 이렇게　　〛

1. 그 일은 아무리 미사여구, 교언영색으로 장식해도 전부가 거짓이고 사기다.

2. 레스토랑 웨이터가 '이 요리는 셰프의 비밀 레시피입니다'라고 교언영색으로 고객을 유혹했지만, 요리의 진짜 품질은 검토가 필요했다.

3. 그 학생은 교언영색으로 선생님들의 마음을 사로잡아 학급대표가 되었다.

4. 그는 상품을 팔기 위해 교언영색으로 고객들의 마음을 끌어들여 완판하게 되었다.

5. 온라인 쇼핑몰 광고가 '이 제품은 마법 같은 변화를 줍니다'라고 감언이설을 사용했지만, 제품의 실제 정보는 부족했다.

아름다운 말과 고운 글귀를 표현할 때

美辭麗句

미사여구

　미사여구(美辭麗句)는 아름다운 말과 고운 글귀라는 뜻으로, 내용보다는 겉모습을 보기 좋게 꾸미기 위해 사용하는 말들을 표현할 때 사용하는 말입니다. 즉, 글이나 연설에서 수사적 기법을 사용하여 문장이나 내용을 더욱 돋보이게 하거나 세련되게 표현된 것을 설명할 때 사용됩니다. 아름다운 표현과 멋진 구절을 사용하는 것은, 메시지를 더욱 효과적으로 전달하고, 청중이나 독자의 관심을 끌 수 있습니다. 글이나 연설이나 적절한 수사적 장치를 사용하면 내용이 더 강렬하고 인상 깊게 전달될 수 있습니다. 그러나 미사여구는 겉으로 화려하지만, 실제 내용이 빈약하거나 허위일 수 있습니다. 따라서 표현의 아름다움이 중요한 만큼, 그 내용도 진실하고 충실해야 한다는 가르침을 주는 말입니다.

〚　　한자를 알면 뜻이 보인다　　〛

美辭麗句 : 아름다운[美] 말[辭]과 고운[麗] 글귀[句]
아름다운 말로 꾸민 듣기 좋은 글귀나 문장.

한자 속 어휘의 발견

美 : 아름다울 미, 9획 ─────────── 부수: 羊

큰 대(大)와 양 양(羊)이 합하여 이루어진 모습으로, 사람이 여러 가지 장식으로 머리 위를 치장하고 있는 모습에서 '아름답다'라는 뜻을 가지게 되었다.

미덕(美德) : 아름다울 미(美)와 덕 덕(德)으로, 도덕적으로 바르고 아름다운 일.
(예문) 우리 세대는 어른에게 순종하는 것을 미덕으로 알고 자랐다.

辭 : 말씀 사, 19획 ─────────── 부수: 辛

매울 신(辛)과 어지러울 난(𤔔)이 합하여 이루어진 모습으로, 죄인들 간에 복잡하게 얽힌 문제를 풀어 심판한다는 의미에서 '말씀', '타이르다', '알리다'라는 뜻을 가지게 되었다.

언사(言辭) : 말씀 언(言)과 말씀 사(辭)로, 어떠한 태도나 느낌으로서의 말.
(예문) 나는 모욕적 언사에 어떻게 대구해야 할지 몰라서 어리둥절해 있을 수밖에 없었다.

麗 : 고울 려(여), 19획 ─────────── 부수: 鹿

사슴 록(鹿)과 고울 려(丽)가 합하여 이루어진 모습으로, 뿔이 다 자란 수사슴의 자태를 의미해 '아름답다', '곱다', '맑다'라는 뜻을 갖게 되었다.

여화(麗華) : 고울 여(麗)와 꽃 화(華)로, 화려하고 우아한 꽃.
(예문) 정원에 피어 있는 여화가 봄의 아름다움을 한층 더해준다.

句 : 글 귀, 5획 ─────────── 부수: 口

쌀 포(勹)와 입 구(口)가 합하여 이루어진 모습으로, '글귀'나 '굽다'라는 뜻을 가진 글자이다. 본래 갈고리로 물건을 끌어 올린다는 의미인데, 후에 문장의 '구절'의 의미로 파생되었다.

구구절절(句句節節) : 하나하나의 모든 구절. 또는 매우 상세하고 간곡하다.
(예문) 어머니는 끊임없이 편지를 구구절절 애처롭게 보내왔다.

【 　　키워드로 보는 사자성어, #말씀 사(辭)　　 】

무사가답(無辭可答) : 사리가 옳아, 감히 대답할 말이 없음
(예문) 그는 박학다식하고, 말이 논리적이어서 상대방은 무사가답하기 일쑤다.

사색불변(辭色不變) : 너무 태연하여 말과 얼굴빛이 조금도 변하지 아니함.
(예문) 그는 당황하지 않고 침착하게 사색불변의 모습으로 대답을 이어갔다.

사리명창(辭理明暢) : 말에 조리가 있고 분명함.
(예문) 그는 사리명창한 정치인으로 많은 사람에게 존경과 신뢰를 받고 있다.

【 　　미사여구, 이럴 때 이렇게　　 】

1. 미사여구만 늘어놓는다고 해서 좋은 글이 되는 건 아니다.

2. 그 책은 온갖 자화자찬의 미사여구로 분칠 된 자서전에 불과하다.

3. 그는 회의에서 온갖 미사여구로 자기의 뜻을 관철시켰다.

4. 그는 화려한 미사여구를 자랑하며 주변인들의 웃음을 자아냈다.

5. 그녀의 특강은 본질적인 내용은 빠진 채 단순한 미사여구의 나열에 불과했다.

6. 연설자가 사용한 미사여구는 청중에게 강한 인상을 남기기 위한 전략이었지만, 실제로는 연설의 내용이나 정책의 실질적인 내용이 부족해 보였다.

7. 축사에서 연사는 주인공의 업적을 미사여구로 찬양했으나, 그 칭송의 내용이 실제 성과와는 약간의 차이가 있음을 지적하는 사람들도 있었다.

사람이 미숙하여
말이나 행동이 유치하다고 말할 때

口尙乳臭

구상유취

　구상유취(口尙乳臭)는 입에서 아직 젖내가 난다는 뜻으로, 사람이 아직 미숙하여 말과 행동이 유치하고 어리석음을 비유하는 말입니다. 즉, 경험이 부족하고 생각이 얕아 어른스럽지 못한 모습을 표현할 때 사용하는 말입니다. 구상유치는 우리에게 성장과 배움의 중요성을 가르치고 있습니다. 자신이 아직 부족한 부분이 많다는 것을 인정하고, 더 배우고 성장하려는 자세를 가져야 한다는 점입니다. 인간이 성장하면서 배우고 경험을 쌓는 과정은 매우 중요합니다. 젊었을 때 경험 부족은 자연스러운 과정이지만, 이를 극복하기 위해서는 끊임없는 학습과 경험이 필요합니다. 학습과 경험을 통해 성숙해진다는 것은 개인의 삶뿐만 아니라 타인의 관계에서도 신뢰받고 존중받게 됩니다. 구상유취는 우리에게 계속해서 배우고 성장해야 하며, 겸손함과 성숙함을 갖추어야 한다는 메시지를 주는 말입니다.

〖　　한자를 알면 뜻이 보인다　　〗

口尙乳臭 : 입[口]에서 아직[尙] 젖내[乳][臭]가 난다.
　　　　　말이나 행동이 유치하다는 뜻.

한자 속 어휘의 발견

口 : 입 구, 3획 ──────────────────────────── 부수: 口

'입'이나 '입구', '구멍'이라는 뜻을 가진 글자로, 사람의 입 모양을 본떠 그린 것이기 때문에 '입'이라는 뜻을 갖게 되었다.

극구(極口) : 다할 극(極)과 입 구(口)로, 온갖 말을 다 동원하여.
(예문) 선생님은 선물을 극구 사양하였다.

尙 : 오히려 상, 8획 ──────────────────────────── 부수: 小

여덟 팔(八)과 향할 향(向)이 합하여 이루어진 모습으로, '오히려'나 '더욱이', '또한'이라는 뜻을 가진 글자이다.

상존(尙存) : 오히려 상(尙)과 있을 존(存)으로, 어떤 일이나 상황, 사물 따위가 아직 그대로 있음.
(예문) 캐나다 은행은 이날 정례 금리 정책회의를 열고 물가 상승 압력이 상존한다고 판단했다.

乳 : 젖 유, 8획 ──────────────────────────── 부수: 乚

미쁠 부(孚)와 새 을(乙)이 합하여 이루어진 모습으로, 아이를 품에 안고 젖을 먹이는 모양에서 '젖'이나 '젖을 먹이다'라는 뜻을 가진 글자가 되었다.

분유(粉乳) : 가루 분(粉)과 젖 유(乳)로, 수분을 증발시키고 농축하여 가루로 만든 우유.
(예문) 아기가 배고프다고 울자 아기 엄마는 분유를 물에 타서 먹였다.

臭 : 냄새 취, 10획 ──────────────────────────── 부수: 自

스스로 자(自)와 개 견(犬)이 합하여 이루어진 모습으로, '냄새'나 '썩다'라는 뜻을 가진 글자이다. 自은 원래 코의 의미를 지닌 한자이며, 여기에 개(犬)의 특성을 더해 '냄새'의 의미를 생성하게 되었다.

취기(臭氣) : 냄새 취(臭)와 기운 기(氣)로, 비위를 상하게 하는 좋지 않은 냄새.
(예문) 환기가 되지 않는 화장실이라 취기가 심하다.

〚　　키워드로 보는 사자성어, #냄새 취(臭)　　〛

황구유취(黃口乳臭) : 입에서 젖내가 난다는 뜻으로, 말이나 행동이 유치하다는 말.
(예문) 그는 어눌한 행동과 말투 때문에 친구들로부터 황구유취라는 소리를 듣는다.

유취만년(遺臭萬年) : 불명예스럽거나 추악한 이름을 오래도록 남김.
(예문) 그의 잘못된 행동은 유취만년이라는 말처럼, 불명예스러운 은퇴의 결과로 돌아왔다.

무성무취(無聲無臭) : 세상을 피해 숨어서 살기 때문에 소리도 냄새도 없음.
(예문) 그는 모든 것을 내려놓고 자연에서 무성무취의 삶을 살고 있다.

〚　　구상유취, 이럴 때 이렇게　　〛

1. 선미는 마치 모든 것을 다 아는 것처럼 큰소리치고 다니지만, 사실은 구상유취일 뿐이다.

2. 그는 어눌한 행동과 말투 때문에 친구들로부터 구상유취라는 소리를 듣는다.

3. 네가 하는 말들이 다 맞다고 생각할지 모르겠지만, 아직 구상유취 하니 더 많은 경험을 쌓고 어른들의 말을 귀담아 들어야 한다.

4. 그 신입사원은 열심히 하려고 하지만, 아직은 구상유취 해서 중요한 일은 맡기기 어려워.

5. 너도 언젠가는 중요한 역할을 맡겠지만, 지금은 아직 구상유취 하니 좀 더 경험을 쌓고 실력을 키우는 게 중요해.

아무 근거나
터무니없는 소문을 말할 때

流言蜚語

유언비어

유언비어(流言蜚語)는 흘러 다니는 말이나 소문이라는 뜻으로, 주로 사실이 아닌 근거 없이 떠도는 말이나 소문을 표현할 때 사용하는 말입니다. 사람들은 호기심을 자극한 새로운 소식이나 이야기에 흥미를 느끼고 이를 다른 사람에게 전달하려는 습성이 있습니다. 또한 특정인이나 집단을 비방하거나 사회를 혼란스럽게 만들기 위해, 의도적으로 허위 사실을 유포하는 경우도 있습니다. 이는 유언비어의 잘못된 심리적 행위의 모습이라 할 수 있습니다. 이런 유언비어의 잘못된 말과 정보로 인해 개인이나 집단에 대한 오해와 피해를 불러일으키고, 사회적 혼란을 초래할 수 있습니다. 항상 우리는 유언비어의 정보를 받아들일 때는 그 출처와 신뢰성을 확인해야 하며, 무심코 전한 잘못된 정보가 다른 사람에게 큰 피해를 줄 수 있다는 것을 명심해야 할 것입니다.

〚 **한자를 알면 뜻이 보인다** 〛

流言蜚語 : 흘러[流] 다니는[蜚] 말이나[言] 소문[語]
근거 없이 떠도는 헛된 소문.

한자 속 어휘의 발견

流 : 흐를 류(유), 10획 — 부수: 氵

물 수(水)와 깃발 유(㐬)가 합하여 이루어진 모습으로, '흐르다'나 '전하다', '떠돌다'라는 뜻을 가진 글자이다. 물이 깃발처럼 나부끼는 것으로 보아 '흐르다'는 의미가 생성되었다.

주류(主流) : 주인 주(主)와 흐를 류(流)로, 학문, 사상, 문예 활동 따위에서, 중심이 되는 흐름이나 경향.
(예문) 그의 소설에는 주류 문학에서는 쉽게 찾아볼 수 없는 독특한 매력이 있다.

言 : 말씀 언, 7획 — 부수: 言

넉 사(亖)와 입 구(口)가 합해진 모습으로, '말씀'이나 '말'이라는 뜻을 가진 글자이다. 갑골문을 보면 口가 나팔을 부는 모습이라는 설도 있는데, 입에서 소리가 퍼져나가는 모습을 그린 것으로 부수로 쓰일 때는 '말하다'와 관계된 뜻을 전달하게 된다.

망언(妄言) : 망령될 망(妄)과 말씀 언(言)으로, 이치에 맞지 않고 허황되게 말함.
(예문) 한 일본 각료가 위안부 문제에 대하여 자국에 책임이 없다고 망언하였다.

蜚 : 바퀴 비, 14획 — 부수: 虫

벌레 훼(虫)와 아닐 비(非)가 합하여 이루어진 모습으로, '바퀴'(갈색을 띠며 악취가 나는 바퀴과의 곤충)라는 뜻을 가진 글자이다.

비어(蜚語) : 바퀴 비(蜚)와 말씀 어(語)로, 근거 없이 널리 떠도는 말.
(예문) 항간에 떠도는 비어에 현혹되지 마십시오.

語 : 말씀 어, 14획 — 부수: 言

말씀 언(言)과 나 오(吾)가 합하여 이루어진 모습으로, '말씀'이나 '말하다'라는 뜻을 가진 글자이다.

어투(語套) : 말씀 어(語)와 덮개 투(套)로, 말에서 드러나는 독특한 방식이나 느낌.
(예문) 승민이의 어투는 때로는 다분히 도전적이다.

〚　　키워드로 보는 사자성어, #유언비어 유의어　　〛

도청도설(道聽塗說) : 근거 없이 거리에 떠도는 뜬소문.
(예문) 인터넷 댓글은 다 도청도설이 많아서 믿을 게 못 돼.

부언유설(浮言流說) : 항간에 떠돌아다니는 소문.
(예문) 사회가 혼란할 때는 부언유설이 많이 떠돈다.

가담항설(街談巷說) : 거리나 사람들 사이에서 떠도는 소문.
(예문) 그 이야기는 가담항설에 지나지 않으니 귀담아들을 필요가 없을 것 같다.

〚　　유언비어, 이럴 때 이렇게　　〛

1. 후보자들에 대한 유언비어의 난무로 선거가 더 혼탁해지고 있다.

2. 최근 회사에 대한 유언비어가 퍼지고 있는데, 확인되지 않은 말에 휘둘리지 말고 사실에만 집중합시다.

3. 누군가 그 소문을 사실인 것처럼 퍼뜨리고 다니는데, 전부 유언비어일 뿐이니 믿지 말라.

4. 그는 회사 사람들에게 구조 조정이 진행될 것이라는 유언비어를 퍼뜨리고 있다.

5. 유언비어로 인해 많은 사람들이 불안해하고 있어, 정확한 정보를 제공하는 것이 중요해.

6. 유언비어가 소셜 미디어를 통해 급속히 확산되면서, 거짓 정보가 진실처럼 받아들여지는 경우가 많아졌어요.

말이나 행동을 간결하게 하여
요점을 직접적으로 표현할 때

單刀直入

단도직입

　　단도직입(單刀直入) 칼을 들고 곧바로 쳐들어간다는 뜻으로, 우회하지 않고 직접적으로 말하거나 행동할 때 표현하는 성어입니다. 즉, 한 자루의 칼을 들고 적진으로 곧장 돌입하는 의미로, 복잡한 상황을 피하고 본론에 바로 들어가는 태도를 상징합니다. 단도직입은 복잡하게 에둘러 말하기보다 핵심을 정확히 짚어 말하는 것이, 오해를 줄이고 명확한 소통을 가능하게 합니다. 또한 필요한 순간에 신속하게 결정하고 행동할 수 있다는 점과 복잡한 절차나 과정을 피하고 단순하고 직접적인 접근 방식을 취할 수 있는 효율성을 가지고 있는 말입니다. 그러나 단도직입은 효과적인 의사소통을 위한 중요한 언어이지만 상황에 따라 너무 직설적인 표현은 오히려 상대방을 불쾌하게 만들 수 있으므로, 상황에 맞게 적절하게 사용하는 것이 중요합니다.

〖　　한자를 알면 뜻이 보인다　　〗

單刀直入 : 혼자[單] 칼[刀]을 들고 곧바로[直] 들어감[入]
요점이나 문제의 핵심을 곧바로 말함.

한자 속 어휘의 발견

單 : 홀 단 12획 ─────────────── 부수: 口

부르짖을 훤(吅)과 갑옷 갑(甲), 한 일(一)이 합하여 이루어진 모습이다. 본래 막대기에 창과 그물을 달아 사냥하던 도구의 모양을 본뜬 글자인데, 개인용 도구의 의미에서 '홀로', '단독', '오직'이라는 뜻을 가진 글자가 되었다.

단선적(單線的) : 홀 단(單), 줄 선(線), 과녁 적(的)으로, 매우 단순한 것.
(예문) 그 남자는 별것도 아닌 일에 쉽게 화를 내는 단선적인 사람이다.

刀 : 칼 도, 2획 ─────────────── 부수: 刀

칼날이 굽은 칼의 모양을 본뜬 글자인데, 주로 '날카로움', '자르다', '나누다', '베다' 등의 의미로 사용되고 있다.

과도(果刀) : 열매 과(果)와 칼 도(刀)로, 과일을 깎는 칼.
(예문) 이 과도는 이제 잘 들지 않아서 새로 구입해야 할 것 같다.

直 : 곧을 직, 8획 ─────────────── 부수: 目

눈 목(目)과 열 십(十), 숨을 은(乚)이 합하여진 모습이다. 감시하는 눈(目)이 많이(十) 숨어(乚) 있으니, 행실을 바르게 해야 한다는 의미에서 '곧다'나 '바르다'라는 뜻을 가지게 되었다.

직감(直感) : 곧을 직(直)과 느낄 감(感)으로, 설명이나 증명 등을 거치지 않고 사물의 진상을 곧바로 느껴 앎.
(예문) 그가 거짓말을 하고 있음을 직감하였다.

入 : 들 입, 2획 ─────────────── 부수: 入

나무를 끼워 맞추기 위해 끝을 뾰족하게 다듬은 형태를 그린 것으로, '들다', '넣다', '들이다'라는 뜻을 가진 글자이다.

유입(流入) : 흐를 유(流)와 들 입(入)으로, 물이 어떤 곳으로 흘러들어 옴.
(예문) 이 지역은 여러 지류들의 유입으로 낙동강의 폭이 확장되는 곳이다.

〚　　키워드로 보는 사자성어, #요점　　〛

논점일탈(論點逸脫) : 논설의 요점을 벗어남.
[예문] 그의 대답은 논점일탈로 번져 아무도 호응하지 않았다.

거두절미(去頭截尾) : 어떤 일의 요점만 말함.
[예문] 회의 시간이 길어지니 거두절미를 하고 자기 의견의 핵심만을 제시해 주십시오.

요언불번(要言不煩) : 요령 있는 말은 번거롭지 않다는 뜻.
[예문] 그의 말은 요언불번하여 빠르게 이해할 수 있었다.

〚　　단도직입, 이럴 때 이렇게　　〛

1. 회의 중에 장황하게 설명하는 대신, 단도직입적으로 문제의 핵심을 지적해 주셔서 시간이 절약되었습니다.

2. 상사는 항상 단도직입적으로 피드백을 주기 때문에, 무엇을 개선해야 하는지 명확히 알 수 있어서 좋습니다.

3. 문제가 발생했을 때, 단도직입적으로 원인을 분석하고 해결책을 제시하면 빠르게 문제를 해결할 수 있습니다

4. 친구가 제게 단도직입적으로 자신의 진심을 털어놓았을 때, 저는 그 진정성을 느끼고 더욱 신뢰하게 되었습니다.

5. 그 문제에 관해서는 단도직입적으로 말씀드리겠습니다.

충고나 조언이 듣기 불편하고
마음에 들지 않을 때

忠言逆耳

충언역이

충언역이(忠言逆耳)는 바른말은 귀에 거슬린다는 뜻으로, 자신에게 던지는 충고나 조언이 듣기에 불편하고 마음에 들지 않을 때 표현되는 말입니다. 그러나 충언역이는 충고나 조언이 듣기에는 불편하고 마음에 들지 않을 수 있지만, 결국에는 내가 더 나은 사람으로 성장하기 위한 발판이 되어줄 수 있는 말이기도 합니다. 예를 들어, 친구가 나의 잘못된 행동을 지적하거나 상사가 나의 단점을 지적한다면, 지금 당장은 기분이 상할 수 있지만, 충고를 겸허하게 받아들이고 나의 문제점을 개선하려고 노력한다면, 나는 더욱 성숙하고 발전된 사람이 될 수 있을 것입니다. 이처럼 충언역이라는 말은 다른 사람의 의견을 통해 자신을 객관적으로 바라보고 부족한 점을 개선하라는 충고의 말이기도 합니다.

〚   **한자를 알면 뜻이 보인다**   〛

忠言逆耳 : 바른[忠] 말은[言] 귀에[耳] 거슬림[逆]
충성스럽고 곧은 말은 귀에 거슬린다는 말.

한자 속 어휘의 발견

忠 : 충성 충, 8획 ─────────────────────────── 부수: 心

가운데 중(中)과 마음 심(心)이 합하여 이루어진 모습으로, '충성스럽다'라는 뜻을 가진 글자이다. 본래 마음을 다하는 '정성', '진심'을 의미였는데, 임금에 대한 '충성'의 의미로 변하였다.

충복(忠僕) : 충성 충(忠)과 종 복(僕)으로, 마치 종처럼 어떤 사람을 충직하게 받드는 사람.
(예문) 늘 소리 없이 뒤에서 충복 노릇을 하던 김 부장의 배신은 배 회장에게는 더할 수 없는 충격이었다.

言 : 말씀 언, 7획 ─────────────────────────── 부수: 言

넉 사(亖)와 입 구(口)가 합해진 모습으로, '말씀'이나 '말'이라는 뜻을 가진 글자이다. 갑골문을 보면 口가 나팔을 부는 모습이라는 설도 있는데, 입에서 소리가 퍼져나가는 모습을 그린 것으로 부수로 쓰일 때는 '말하다'와 관계된 뜻을 전달하게 된다.

언동(言動) : 말씀 언(言)과 움직일 동(動)으로, 말하는 것과 행동하는 것.
(예문) 술에 취하여 저지른 저의 경박한 언동을 용서하시오.

逆 : 거스를 역, 10획 ─────────────────────────── 부수: 辶

쉬엄쉬엄 갈 착(辶)과 거스를 역(屰)이 합해진 모습으로, '거스르다'나 '거역하다'라는 뜻을 가진 글자이다. 屰은 사람을 거꾸로 뒤집어 그린 것인데, 여기에 辶을 합하여 '길을 거스르다'라는 뜻이 된 것이다.

역모(逆謀) : 거스릴 역(逆)과 꾀할 모(謀)로, 임금이나 나라를 배반할 계획을 짬.
(예문) 왕이 주색에 빠져 나랏일을 소홀히 하자, 몇몇 세력이 역모를 꾸미기 시작했다.

耳 : 귀 이, 6획 ─────────────────────────── 부수: 耳

'귀'나 '듣다'라는 뜻을 가진 글자로, 사람의 귀를 그린 것이다. 귀의 기능인 '듣다'와 관련된 뜻을 전달한다.

이문목견(耳聞目見) : 귀로 듣고 눈으로 본다는 뜻으로, '실지로 경험함'을 이르는 말.
(예문) 그는 세상을 이문목견하기 위해 장기간 여행을 떠났다.

〚　　키워드로 보는 사자성어, #충고　　〛

정상일침(頂上一鍼) : 정수리에 침 하나를 꽂는다는 뜻으로, 따끔하고 매서운 충고나 교훈.
(예문) 종빈이는 선생님의 정상일침을 계기로 더욱 성장할 수 있었다.

호질기의(護疾忌醫) : 문제가 있는데도 다른 사람의 충고를 듣지 않음.
(예문) 국민의 충고에 귀 닫은 정치권을 겨냥해 호질기의를 올해의 사자성어로 뽑았다.

역이지언(逆耳之言) : 귀에 거슬리는 말이라는 뜻으로, 신랄한 충고를 이르는 말.
(예문) 지지율이 떨어지는 이유는 참모들이 역이지언을 하지 않기 때문이다.

〚　　충언역이, 이럴 때 이렇게　　〛

1. 부장님이 제게 주신 피드백은 충언역이였지만, 그 조언 덕분에 제가 부족한 점을 깨닫고 개선할 수 있었습니다.

2. 그는 회사에서 충언역이인 말로 인해 일시적으로 불편함을 겪었지만, 나중에는 회사 내에 신망이 두터운 사원이 되었다.

3. 그 친구가 내게 하는 충언역이지만, 솔직히 그 조언이 나를 더 나은 방향으로 이끌어 주는 데 도움이 된다는 걸 알고 있어.

4. 자기 개발을 위해서는 때때로 충언역이도 받아들여야 해. 비록 듣기 불편할 수 있지만, 그것이 성장의 기회가 될 수 있거든.

5. 이성적으로는 충언역이를 알고 있어도, 실제로 타인의 직언을 존중하는 것은 어려운 일이다.

쇠도 녹일 만큼
여러 사람의 입을 통해 전해지는 말의 힘

衆口鑠金

중구삭금

중구삭금(衆口鑠金)은 여러 사람이 말하면 쇠도 녹인다는 뜻으로, 많은 사람이 한목소리로 말하면 아무리 단단한 쇠도 녹일 수 있을 정도로 강력하다는 것을 비유할 때 표현되는 말입니다. 예를 들어, 한 기업의 제품에 결함이 발견되었고, 이를 둘러싼 부정적인 의견과 소문이 소셜 미디어와 뉴스에서 퍼지기 시작하여 악영향을 미치는 경우를 들 수 있습니다. 즉, 중구삭금은 여론의 힘이 얼마나 강력한지를 보여주는 말이며, 긍정적인 면과 부정적인 면을 동시에 가지고 있기도 합니다. 긍정적인 면은 단결과 협력의 중요성입니다. 많은 사람이 힘을 합치면 큰 성과를 이룰 수 있으며, 공동의 목표를 달성하는 데 중요한 요소가 됩니다. 부정적인 면은 루머나 잘못된 정보가 퍼질 때 그 영향력 강력하다는 것입니다. 무책임한 소문이 퍼지면 큰 피해를 줄 수 있으므로, 말을 신중하게 하고 비판적 사고를 통해 정보를 올바르게 판단하고 활용할 수 있는 능력을 길러야 합니다.

〖 **한자를 알면 뜻이 보인다** 〗

衆口鑠金 : 여러 사람이[衆] 말하면[口] 굳은 쇠도[金] 녹인다[鑠]
여론의 힘이 큼을 이르는 말.

한자 속 어휘의 발견

衆 : 무리 중, 12획 — 부수: 血

피 혈(血)과 나란히 설 음(乑)이 합하여 이루어진 모습으로, '무리'나 '백성'이라는 뜻을 가진 글자이다.

중론(衆論) : 무리 중(衆)과 의논할 논(論)으로, 여러 사람의 생각, 의논 또는 의견.
(예문) 그는 판단이 잘 서지 않을 경우에는 중론을 따르는 것도 방법이라고 일러 주었다.

口 : 입 구, 3획 — 부수: 口

'입'이나 '입구', '구멍'이라는 뜻을 가진 글자로, 사람의 입 모양을 본떠 그린 것이기 때문에 '입'이라는 뜻을 갖게 되었다.

구실(口實) : 입 구(口)와 열매 실(實)로, 핑계로 삼을 조건이나 변명할 거리.
(예문) 그는 틈만 나면 술 마실 구실을 찾았다.

鑠 : 녹일 삭, 23획 — 부수: 金

쇠 금(金)과 노래 악(樂)이 합하여 이루어진 모습으로, 금속을 녹인다는 의미에서 '녹이다', '녹다', '스며들다'라는 뜻을 가진 글자가 되었다.

확삭(矍鑠) : 두리번거릴 확(矍)과 녹일 삭(鑠)으로, 노인이 기력이 정정하며 몸이 재빠름.
(예문) 기용이의 할아버지는 아흔 살 연세에도 불구하고 확삭하기로 유명하다.

金 : 쇠 금, 8획 — 부수: 金

사람 인(人)과 임금 왕(王), 여덟 팔(八)이 합하여 이루어진 모습으로, '금속'이나 '화폐'라는 뜻을 가진 글자이다. 여러 가지 금속의 대표격으로 사용되고 있다.

차입금(借入金) : 빌 차(借)와 들 입(入), 쇠 금(金)으로, 꾸어 들인 돈.
(예문) 차입금의 금리 부담을 견뎌 내지 못하여 도산하는 기업이 늘어나고 있다.

〚   키워드로 보는 사자성어, #무리 중(衆)   〛

중노난범(衆怒難犯) : 뭇사람이 노하면 당해 내기 어렵다는 말.
[예문] 이번 결정은 중노난범이라고, 여론에 떠밀려 이루어진 것이다.

중력이산(衆力移山) : 많은 사람이 서로 힘을 합하면 태산도 옮길 수 있다.
[예문] 우리는 외환위기에도 전 국민이 지혜를 모아 중력이산의 힘을 보여주었다.

박시제중(博施濟衆) : 사랑과 은혜를 널리 베풀어서 뭇사람을 구제함
[예문] 그 신부님은 어려운 사람들에게 박시제중을 실천하여 존경을 받았다.

〚   중구삭금, 이럴 때 이렇게   〛

1. 신제품의 결함에 대한 불만이 여러 매체와 소셜 미디어에서 퍼지면서, 회사는 중구삭금의 힘을 실감하고 신속하게 리콜 조치를 취했다.

2. 정치인의 비현실적인 공약에 대해 여론이 급격히 악화되자, 그는 중구삭금의 경각심을 느끼고 공약을 수정하고 실현 가능한 계획을 발표했다.

3. 그는 중구삭금의 힘을 믿지 않았지만, 그의 비밀이 하루 만에 학교 전체에 퍼진 것을 보고 놀랐다.

4. 연예인의 사생활 문제로 인한 소문이 널리 퍼지자, 그는 중구삭금의 힘을 느끼고 공개적으로 사과하고 해명을 통해 대중의 신뢰를 회복하려고 노력했다.

5. 국민들의 뭇매로 정치인이 자기 소신을 굽힌 것을 보니, 중구삭금이라는 말이 크게 와닿았다.

일곱째 마당

청렴

우리의 마음속에 있는 청렴보다
더 신성한 것은 없다.

마음속의 청렴함은 태양의 강렬한 빛처럼 눈부시지 않습니다.
그것은 새벽의 첫 이슬처럼 서서히 부드럽게 드러납니다.
세상의 거친 물결이 휘몰아칠 때, 그 속에서 보이는 것은
화려한 금속의 반짝임이 아니라, 인간의 내면 깊은 곳에서
흐르는 조용하고 순수한 정화의 물결입니다.

물질적 가치보다는
도덕적 삶과 만족스러운 삶을 살고자 할 때

淸貧樂道

청빈낙도

청빈낙도(淸貧樂道)는 맑고 가난한 삶 속에서도 도를 즐긴다는 뜻으로, 물질적으로는 가난하지만, 정신적으로는 깨끗하고 만족스러운 삶을 추구한다는 의미로 표현할 때 사용되는 말입니다. 청빈낙도는 삶에서 진정한 행복을 찾는다는 심오한 뜻을 담고 있습니다. 첫째, 물질적 풍요를 넘어 정신적 풍요를 의미합니다. 진정한 행복이란 부와 명예가 아닌, 올바른 삶을 사는 데서 비롯된다는 진리를 가지고 있습니다. 둘째, 검소함과 만족을 통해 참된 행복을 찾는 법을 가르치고 있습니다. 소박하고 단순한 삶 속에서 진정한 만족과 기쁨을 발견하고 과잉과 탐욕을 멀리하고, 진정한 행복의 근원을 찾으라는 메시지를 담고 있습니다. 셋째, 자아 성찰과 도덕적 삶을 가르치고 있습니다. 이는 우리의 내면을 돌아보고, 도덕적 기준을 지키며 살아간다면, 더 나은 인간으로 성장한다는 가르침을 주고 있습니다.

〚   **한자를 알면 뜻이 보인다**   〛

淸貧樂道 : 맑고[淸] 가난[貧]하지만, 도[道]를 즐김[樂]
청렴 결백하고 가난하게 살며 도를 즐긴다.

한자 속 어휘의 발견

淸 : 맑을 청, 11획 ──────────────────────── 부수: 氵

물 수(水)와 푸를 청(靑)이 합하여 이루어진 모습으로, 물이 맑고 선명하다는 의미에서 '맑다', '깨끗하다'라는 뜻을 갖게 되었다.

청정(淸淨) : 맑을 청(淸)과 깨끗할 정(淨)으로, 맑고 깨끗함.
[예문] 이곳은 청정 해역이라 어조 행위가 금지되어 있습니다.

貧 : 가난할 빈, 11획 ──────────────────────── 부수: 貝

나눌 분(分)과 조개 패(貝)가 합하여 이루어진 모습으로, 재물을 계속 나누면 곤궁하고 가난해진다는 의미에서 '가난하다'나 '모자라다'라는 뜻을 가진 글자이다.

극빈(極貧) : 다할 극(極)과 가난할 빈(貧)으로, 매우 가난함.
[예문] 경제 상황의 악화로 생활고에 시달리는 극빈층이 갈수록 늘고 있다.

樂 : 즐길 락(낙), 15획 ──────────────────────── 부수: 木

갑골문을 보면 나무 목(木)에 실 사(絲)자가 합하여 이루어진 모습으로, '음악'이나 '즐겁다'라는 뜻을 가진 글자이다. 본래 나무판에 현을 묶은 악기를 손톱으로 연주하는 것을 본뜬 글자로 흥겨움으로 인해 '즐겁다'나 '좋아한다'는 의미가 파생되었다.

풍악(風樂) : 바람 풍(風)과 풍류 악(樂)으로, 우리나라 고유의 옛 음악.
[예문] 옛 선비들은 풍악을 즐기고 그와 더불어 시문을 짓는 일을 함께 했다.

道 : 길 도, 13획 ──────────────────────── 부수: 辶

쉬엄쉬엄 갈 착(辶)과 머리 수(首)가 합하여 이루어진 모습으로, '길'이나 '도리', '이치'라는 뜻을 가진 글자이다.

다도(茶道) : 차 다(茶)와 길 도(道)로, 차를 달여 마실 때의 예의범절.
[예문] 세영이는 올여름에 생활관에서 다도에 대하여 배웠다.

〚　　키워드로 보는 사자성어, #청빈　　〛

단사표음(簞食瓢飮) : 도시락에 담긴 밥과 표주박에 든 물이란 뜻으로 청빈하고 소박한 생활.
　(예문) 그는 자신의 신념인 단사표음의 생활을 실천하고 있다.

곡굉지락(曲肱之樂) : 팔을 굽혀 베개로 삼는다는 뜻으로, 가난하고 소탈한 생활의 즐거움.
　(예문) 그 정치인은 누구보다도 곡굉지락의 삶으로 많은 국민에게 지지를 받고 있다.

단표누항(簞瓢陋巷) : 도시락과 표주박과 누추한 마을이란 뜻으로,
　　　　　　소박한 시골 살림 또는 청빈한 선비의 생활을 비유하는 말.
　(예문) 정년 퇴임 후 그는 시골의 한적한 곳에서 단표누항의 삶을 살고 있다.

〚　　청빈낙도, 이럴 때 이렇게　　〛

1. 그 공직자는 청빈낙도의 삶을 실천하며, 높은 직책에 있으면서도 사적인 이익을 추구하지 않고 공직에 충실히 임했다.

2. 설의 주인공은 청빈낙도의 삶을 살며, 가난하지만 마음의 평화를 찾아 나서면서 진정한 행복을 느끼는 인물로 그려졌다.

3. 그는 과거의 잘못을 뉘우치며 자연 속에서 청빈낙도의 삶을 살고 있다.

4. 그 스승님은 청빈낙도의 삶을 몸소 보여주셨습니다. 물질적인 풍요를 추구하기보다는 도와 진리를 찾는 데 인생을 바치셨습니다.

5. 현대 사회에서도 청빈낙도의 가치를 인정하는 사람들이 늘어나고 있다. 물질적 성공보다는 정직하고 충실한 삶을 더 중요시하는 경향이 커지고 있다.

마음에는 탐욕이 없고
행동에는 허물이 없음을 표현할 때

淸廉潔白

청렴결백

청렴결백(淸廉潔白) 맑고 깨끗하여 흠이 없고 깨끗하다는 뜻으로, 성품과 행실이 맑고 깨끗하여 부정한 일에 관여하지 않고 욕심 없이 깨끗하게 살아야 함을 표현할 때 사용되는 말입니다. 이 표현은 주로 공직자나 지도자의 도덕적 품성을 강조할 때 사용되는 말입니다. 청렴결백은 우리에게 많은 의미와 깨달음을 주고 있는 말입니다. 첫째, 어떠한 부정이나 부패에도 물들이지 않고, 항상 올바른 행동을 추구하는 고결한 삶의 태도를 의미합니다. 둘째, 자신의 역할과 의무를 성실히 수행하고, 누구에게나 공정하게 대하는 책임감과 공정성의 태도를 의미합니다. 이는 자신의 역할에 책임을 다하고, 모든 이에게 공정한 기준을 적용함으로써 사회의 균형과 조화를 이루게 합니다. 이처럼, 청렴결백은 우리에게 도덕적 가치와 윤리적 기준을 지키며 살아가도록 이끌어주는 가치 있고 귀중한 지침이 되는 말입니다.

〚 **한자를 알면 뜻이 보인다** 〛

淸廉潔白 : 맑고[淸] 청렴[廉]하여 흠[潔] 없고 깨끗하다[白]
성품과 행실이 맑고 깨끗하며 아무런 허물이 없음.

한자 속 어휘의 발견

淸 : 맑을 청, 11획 ─────────────────────────── 부수: 氵

물 수(水)와 푸를 청(靑)이 합하여 이루어진 모습으로, 물이 맑고 선명하다는 의미에서 '맑다', '깨끗하다'라는 뜻을 가진 글자이다.

청산(淸算) : 맑을 청(淸)과 셈할 산(算)으로, 어떤 일이나, 부정적인 요소 따위를 깨끗이 정리함.
〔예문〕 부정적인 과거의 청산 없이는 밝은 미래를 창조할 수 없다.

廉 : 청렴할 렴(염), 13획 ─────────────────────── 부수: 广

집 엄(广)과 겸할 겸(兼)이 합하여 이루어진 모습으로, '청렴하다'나 '검소하다', '결백하다'라는 뜻을 가진 글자이다.

파렴치(破廉恥) : 깨뜨릴 파(破)와 청렴 렴(廉), 부끄러울 치(恥)로, 체면이나 부끄러움을 모르고 뻔뻔함.
〔예문〕 그러한 파렴치한 행동은 도저히 용납될 수 없다.

潔 : 깨끗할 결, 15획 ───────────────────────── 부수: 氵

물 수(水)와 깨끗할 결(絜)이 합하여 이루어진 모습으로, '깨끗하다'나 '맑다', '간결하다'라는 뜻을 가진 글자이다. 絜은 서로의 약속을 굳게 맹세한다는 뜻에서 '깨끗하다'라는 의미가 생성되었으며, 후에 水를 더해 물로 사물을 '깨끗하게 한다'라는 뜻이 되었다.

결벽(潔癖) : 깨끗할 결(潔)과 버릇 벽(癖)으로, 유별나게 깨끗한 것을 좋아하는 성질이나 버릇.
〔예문〕 수영이는 결벽이 심해 하루에 수십 번씩 손을 씻는다.

白 : 흰 백, 5획 ───────────────────────────── 부수: 白

촛불의 심지와 밝게 빛나는 불빛을 표현한 것이다. 그래서 白은 '밝다', '빛나다', '희다'라는 뜻을 갖게 되었다.

자백(自白) : 스스로 자(自)와 흰 백(白)으로, 허물이나 죄 따위를 스스로 고백함.
〔예문〕 그들의 입에서 잘못을 시인하는 자백이 나왔다.

〖 　　키워드로 보는 사자성어, #청빈　　 〗

빙청옥결(氷淸玉潔) : 얼음같이 맑고 옥같이 깨끗한 마음.
[예문] 장담하지만 그 친구는 빙청옥결과 같은 마음의 소유자다.

순결무구(純潔無垢) : 아주 순수하고 깨끗함.
[예문] 그런 작자들에 비하면 자네는 순결무구한 친구이지.

빙정옥결(氷貞玉潔) : 얼음이나 옥처럼, 흠 없이 깨끗한 절개.
[예문] 그녀가 살아온 삶을 보면 빙정옥결과 같다.

〖 　　청렴결백, 이럴 때 이렇게　　 〗

1. 그 공직자는 청렴결백의 상징으로 평가받아, 그의 재직 기간 동안 부패와 비리가
   없었다는 점에서 큰 존경을 받았다.

2. 사회 지도자는 청렴결백한 자세로 자신의 신뢰를 유지해야 하며, 이를 통해
   사회의 도덕적 기준을 높일 수 있다.

3. 그는 청렴결백한 삶을 살기 위해, 물질적 유혹을 멀리하고 항상 정직하고
   도덕적인 선택을 하려고 노력했다.

4. 교수님께서는 학문에 있어 청렴결백함을 중요시하며 학생들에게도 그렇게
   가르치셨다.

5. 그 교육자는 청렴결백한 삶을 사는 것으로 학생들에게 본보기가 되었으며, 항상
   공정하게 학생들을 대하며 신뢰를 얻었다.

직책을 이용해
부정한 이득을 취하는 경우를 표현할 때

貪官汚吏

탐관오리

　탐관오리(貪官汚吏)는 탐욕스럽고 더러운 관리라는 뜻으로, 공직에 있는 사람들이 자신의 직책을 이용해 사리사욕을 채우거나 부정한 이득을 취하는 경우를 표현할 때 사용하는 말입니다. 탐관오리는 공직에 있는 사람은 도덕적 기준을 지키고, 공정한 업무 수행과 신뢰할 수 있는 행동을 해야 한다는 점을 일깨워주는 말입니다. 공직자가 부패하게 되면, 이는 공정성과 신뢰를 훼손하고 사회적 불신과 부정부패를 초래할 수 있습니다. 부패한 관리가 만드는 불공정과 불신은 사회의 발전을 저해하고, 우리에게 도덕적이고 윤리적인 가치가 무너지는 상황을 초래하게 됩니다. 공직자와 관리자는 항상 자신의 직책을 남용하지 않고 청렴하게 임무를 수행해야 하며, 공정하고 신뢰받을 수 있도록 책임과 의무를 다해야 할 것입니다.

〖　　한자를 알면 뜻이 보인다　　〗

貪官汚吏 : 탐욕[貪]스럽고 더러운[汚] 관리[官][吏]
재물을 탐하고 행실이 깨끗하지 못한 관리.

한자 속 어휘의 발견

貪 : 탐낼 탐, 11획 — 부수: 貝

이제 금(今)과 조개 패(貝)가 합하여 이루어진 모습으로, '탐내다'나 '탐하다'라는 뜻을 가진 글자이다. 조개(貝)는 재물을 상징하며, 지금 눈앞에 재물이 있으면 물욕이 생긴다는 의미에서 '탐내다'는 뜻이 생성되었다.

탐학(貪虐) : 탐할 탐(貪)과 모질 학(虐)으로, 욕심이 많고 포학함.
(예문) 지배층의 탐학은 시정되지 않고, 오히려 날로 심해져 갔다.

官 : 벼슬 관, 8획 — 부수: 宀

집 면(宀)과 언덕 부(阜)가 합하여 이루어진 모습으로, '벼슬'이나 '관청'이라는 뜻을 가진 글자이다. '官'은 나랏일을 하는 관청을 높은 곳에 지어진 집으로 표현한 것이다. 그러나 후에 '벼슬아치'라는 뜻으로 쓰이게 되었다.

관료(官僚) : 벼슬 관(官)과 동료 료(僚)로, 국가기관에서 일하는 공무원.
(예문) 경제 부처의 관료 대부분이 현실 경제를 제대로 파악하지 못하고 있다.

汚 : 더러울 오, 6획 — 부수: 氵

물 수(水)와 어조사 우(亐)가 합하여 이루어진 모습으로, 물이 고여 더러워졌다는 의미에서 '더럽다', '오염되다'라는 뜻을 가지게 되었다.

오명(汚名) : 더러울 오(汚)와 이름 명(名)으로, 사실이 아닌 일로 이름을 더럽히는 억울한 평판.
(예문) 승희는 타락한 여자라는 오명에서 벗어나고자 자신의 결백을 끊임없이 주장하고 다녔다.

吏 : 벼슬아치 리(이), 6획 — 부수: 口

역사 사(史)와 한 일(一)이 합하여 이루어진 모습으로, 공적 기록을 하는 사람의 의미와 오로지 한결같이 일한다는 의미를 더해 '벼슬아치'나 '관리'라는 뜻을 가진 글자가 되었다.

청백리(淸白吏) : 맑을 청(淸)과 흰 백(白), 관리 리(吏)로, 성품과 행실이 올바르고 무엇을 탐하는 마음이 없는 관리.
(예문) 그는 청백리로 죽을 때까지 독야청청하게 살았다.

〖　　키워드로 보는 사자성어, #탐할 탐(貪)　　〗

탐권낙세(貪權落勢) : 권세를 탐하고 세도 부리기를 즐김.
[예문] 지금의 정치인들은 탐권낙세만 할 뿐 백성은 안중에도 없다.

소탐대실(小貪大失) : 작은 것을 탐하다가 큰 것을 잃음.
[예문] 눈앞의 이익에만 집착하면 소탐대실의 우를 범할 수 있다.

탐다무득(貪多務得) : 많은 것을 욕심내어 얻으려고 애써 노력함.
[예문] 사람은 살면서 탐다무득보다는 만족하는 삶을 살아야 한다.

〖　　탐관오리, 이럴 때 이렇게　　〗

1. 최근의 스캔들은 탐관오리의 전형을 보여주는 사례로, 공직자들이 자신의 권력을 남용하고 부패에 연루된 것이 드러났다.

2. 탐관오리의 부정적인 영향력 때문에, 우리는 공직자들이 청렴하게 일하도록 엄격한 감시와 규제를 강화해야 한다.

3. 역사 속에서 탐관오리의 행태는 종종 나라의 붕괴와 혼란을 초래했으며, 그로 인해 많은 사람들이 피해를 입었다.

4. 자신의 일에 탐관오리처럼 행동하지 않기 위해, 항상 정직하고 투명하게 행동하며 부패를 멀리하는 것이 중요하다.

5. 이번 금품 수수 사건은 청렴한 공직 사회에 큰 영향을 주었으며, 이를 통해 탐관오리의 문제를 다시 한 번 인식하는 계기가 되었다.

맑은 물처럼 깨끗하고
평온한 마음으로 살아가고자 할 때

明鏡止水

명경지수

　명경지수(明鏡止水)는 밝은 거울이 될 만큼 고요한 물이라는 뜻으로, 마음이 매우 맑고 차분한 상태를 의미하는 것으로 거울처럼 깨끗하고 투명한 마음과 평온한 정신 상태를 표현할 때 사용하는 말입니다. 명경지수라는 말은 혼란과 스트레스에서 벗어나 마음을 비우고 평온한 상태를 유지함으로써, 더 명확하고 현명한 판단을 내릴 수 있음을 의미합니다. 또한 자기 성찰과 내면의 정화를 통해 자신의 감정과 생각을 명확히 이해하고, 불필요한 걱정이나 혼란을 제거함으로써, 삶의 복잡한 문제를 해결하는 데 도움이 됩니다. 현대 사회는 정보 과잉과 경쟁 사회로 인해 사람들은 불안하고 초조한 마음을 가지기 쉽습니다. 맑고 깨끗한 마음을 유지하고 객관적인 시각으로 세상을 바라보면, 복잡한 현대 사회에서도 자신의 길을 찾고 깨끗하고 청렴한 마음으로 행복하게 살아갈 수 있습니다.

〖　　한자를 알면 뜻이 보인다　　〗

明鏡止水 : 밝은[明] 거울이[鏡] 될 만큼 고요한[止] 물[水]
　　　　　잡념과 허욕이 없는 깨끗한 마음.

한자 속 어휘의 발견

明 : 밝을 명, 8획 ─────────────────────────── 부수: 日

날 일(日)과 달 월(月)이 합하여 이루어진 모습으로, '밝다'나 '나타나다', '명료하다'라는 뜻을 가진 글자이다. 해와 달의 밝다는 의미를 합해 '밝다'는 뜻이 생성되었다.

분명(分明) : 나눌 분(分)과 밝을 명(明)으로, 명백하고 뚜렷하다.
[예문] 분명 날 부르는 소리가 들렸는데 밖에 나가 보니 아무도 없었다.

鏡 : 거울 경, 19획 ─────────────────────────── 부수: 金

쇠 금(金)과 다할 경(竟)이 합하여 이루어진 모습이다. 고대에서는 청동의 한쪽 면을 매끄럽게 갈아 거울로 사용하였다.

요지경(瑤池鏡) : 아름다운 옥 요(瑤)와 못 지(池), 거울 경(鏡)으로, 알쏭달쏭 묘한 세상일.
[예문] 세상은 혼탁한 요지경 속이다.

止 : 그칠 지, 4획 ─────────────────────────── 부수: 止

'그치다'나 '멈추다'라는 뜻을 가진 글자이다. 사람의 한쪽 발이나 발자국 모양을 본뜬 모습으로 시간의 변화와 관련된 의미로 사용된다.

제지(制止) : 마를 제(制)와 그칠지(止)로, 어떤 행동을 말려서 못하게 함.
[예문] 이날 시위대의 행진은 경찰의 제지로 무산되었다.

水 : 물 수, 4획 ─────────────────────────── 부수: 水

'물'이나 '강물', '액체'라는 뜻을 가진 글자이다. 글자 모양 가운데의 물줄기와 양쪽의 흘러가는 물줄기의 모습을 본뜬 것으로 물과 관련된 상태나 동작을 나타낸다.

수심(水深) : 물 수(水)와 깊을 심(深)으로, 강이나 바다, 호수 등의 물의 깊이.
[예문] 이곳은 경사가 완만하고 수심이 얕아 어린아이들이 놀기에 제격이다.

〖　　키워드로 보는 사자성어, #명경지수 유의어　　〗

운심월성(雲心月性) : 구름과 같은 마음과 달과 같은 성품. 맑고 깨끗한 심성.
[예문] 그는 운심월성같이 맑고 깨끗한 마음을 가진 사람이다.

평이담백(平易淡白) : 깨끗하여 욕심이 없는 마음.
[예문] 공직자라면 누구나 평이담백한 마음이 있어야 한다.

빙청옥결(氷淸玉潔) : 얼음같이 맑고 옥같이 깨끗한 심성.
[예문] 자연 속에서 살다 보면 빙청옥결의 마음이 되지 않을까.

〖　　명경지수, 이럴 때 이렇게　　〗

1. 명상을 통해 마음이 명경지수처럼 맑아지고 고요해졌으며, 어떤 문제도 차분히 바라볼 수 있는 여유가 생겼습니다.

2. 마음의 근원이 명경지수처럼 맑고 깨끗해져 옳지 않은 말이 마음을 미혹하지 못하게 하여야 한다.

3. 요한 결정을 내려야 할 때, 감정을 배제하고 명경지수의 마음으로 상황을 명확히 분석하며 최선의 선택을 하려고 했다.

4. 일상에서의 스트레스와 긴장이 사라지고 나서, 마음이 명경지수의 상태로 돌아가 평온하고 안정된 느낌을 받았다.

5. 갈등이 해결된 후, 마음이 명경지수처럼 평온해졌습니다. 이제 상황을 객관적으로 보고, 감정적으로 휘둘리지 않게 되었다.

지도자의 진정한 통치력은
권력을 잡은 손의 청렴함에 있다

攬轡澄淸

남비징청

남비징청(攬轡澄淸)은 말의 고삐를 잡아 천하를 맑게 한다는 뜻으로, 어지러운 세상을 바로잡고 깨끗하게 만들겠다는 강한 의지를 표현할 때 사용하는 한자 성어입니다. 이 표현은 지도자가 권력을 올바르게 행사하고, 자신의 도덕적 기준을 유지하여 공정하게 통치하는 상태를 나타냅니다. 남비징청은 후한 시대의 인물인 범방에게서 유래한 말입니다. 범방은 정직하고 청렴한 관리로, 기근과 탐관오리의 학정으로 어려움을 겪던 백성들을 위해 직접 현장을 찾아 문제를 해결하려고 노력했습니다. 마차를 타고 현장으로 향하며 굳게 다짐했던 그의 결의가 바로 '남비징청'이라는 말로 표현된 것입니다. 현재 우리 사회는 정치, 사회, 경제 등 다양한 분야에서 부정부패와 불의가 발생하고 있고, 이를 해결하기 위해 많은 사람이 노력하고 있습니다. 이러한 상황에서 남비징청은 우리에게 정의로운 사회를 만들기 위해 끊임없이 노력해야 한다는 것을 가르쳐주는 지혜의 말입니다.

〚   한자를 알면 뜻이 보인다   〛

攬轡澄淸 : 말의 고삐[轡]를 잡아[攬] 천하를 맑고[澄] 청렴[淸] 하게 한다.
어지러운 세상을 바로잡아 깨끗하게 만들겠다는 의지.

한자 속 어휘의 발견

攬 : 가질 람(남), 24획 ──────────────────── 부수: 扌

손을 의미하는 재방변 수(扌)와 볼 람(覽)이 합하여 이루어진 모습으로, '가지다', '잡아당기다', '손에 쥐다'라는 뜻을 가진 글자이다.

> 결람(結攬) : 맺을 결(結)과 잡을 람(攬)으로, 목적을 위해 뜻을 같이하는 사람을 끌어모음.
> (예문) 우리는 등산 동우회를 만들기 위해 뜻이 맞는 사람을 결람하기로 하였다.

轡 : 고삐 비, 22획 ──────────────────── 부수: 車

고삐 비(轡)와 입 구(口)가 합하여 이루어진 모습으로, 말이 수레를 끄는 밧줄인 '고삐'를 의미하여 '고삐', '재갈', '굴레'라는 뜻을 가진 글자가 되었다.

> 비장즉답(轡長則踏) : 고삐가 길면 밟힌다는 뜻으로, 어떤 옳지 못한 일을 오래 계속하면 결국은 남에게 들킨다.
> (예문) 비장즉답이라고, 회사 공금을 자주 횡령한 그는 결국 발각이 되어, 징계를 당했다.

澄 : 맑을 징, 15획 ──────────────────── 부수: 氵

물을 의미하는 삼수변 수(氵)와 오를 등(登)이 합하여 이루어진 모습으로, '(물이)맑다', '(물을)맑게 하다', '맑고 깨끗하다'라는 뜻을 가진 글자이다.

> 징니연(澄泥硯) : 맑을 징(澄)과 진흙 니(泥), 벼루 연(硯)으로, 흙으로 빚어 구워 만든 벼루.
> (예문) 벼루는 돌 제품 외에도 도연, 백자연, 징니연, 목연, 칠연 등이 있다.

淸 : 맑을 청, 11획 ──────────────────── 부수: 氵

물을 의미하는 삼수변 수(氵)와 푸를 청(靑)이 합하여 이루어진 모습으로, 물이 맑고 선명하다는 의미에서 '맑다', '깨끗하다'라는 뜻을 가진 글자이다.

> 청절(淸節) : 맑을 청(淸)과 마디 절(節)로, 맑고 깨끗한 절개.
> (예문) 윤 씨 부인의 청절을 기리는 열녀문이 마을 앞에 세워졌다.

〚　　키워드로 보는 사자성어, #정치　　〛

치세안민(治世安民) : 세상을 잘 다스려 국민을 평안하게 한다.
(예문) 그는 항상 치세안민을 최우선 목표로 삼아, 정책을 추진하고 있다.

정승부민(政丞扶民) : 정치를 맡아 민중을 돕는다.
(예문) 정승부민의 정신을 가지고 정치를 이끄는 지도자는 국민의 신뢰를 받을 수 있다.

정국주도(政局主導) : 정국을 주도하다.
(예문) 정국주도를 통해 여당은 주요 입법 과제를 성공적으로 처리하며 정치적 우위를 확보했다.

〚　　남비징청, 이럴 때 이렇게　　〛

1. 새로 선출된 경기도지사는 남비징청의 정신으로 도민을 위해 깨끗하고 청렴한 도정을 다짐했다.

2. 국회의원에 당선된 그는 남비징청이라는 원칙을 가슴에 새기고 지역을 대표하는 일에 최선을 다하겠다고 다짐했다.

3. 새롭게 지명된 검찰총장은 남비징청의 정신으로 사회 부패를 척결하겠다는 소식을 전했다.

4. 이 회장의 남비징청한 리더십 덕분에 회사는 부패 없이 투명하게 운영되었고, 직원들은 신뢰감을 느꼈다.

5. 그 정치인은 남비징청의 태도로 자신의 권력을 공정하게 행사하며, 청렴한 지도자로서 국민들의 신뢰를 얻었다.

구름처럼 너그럽고, 달처럼 고상한 마음이 진정한 품격을 만든다

雲心月性

운심월성

    운심월성(雲心月性)은 구름 같은 마음과 달 같은 성품이라는 뜻으로, 맑고 깨끗하며 욕심이 없는 청렴한 마음을 표현할 때 사용하는 말입니다. 이 표현은 인간의 도덕적이고 정신적인 미덕을 강조하며, 마음과 성품의 중요성을 일깨우는 데 사용됩니다. 운심월성은 사람의 성품을 두 가지로 묘사하고 있는 말입니다. 하나는 구름과 같은 마음입니다. 구름처럼 순수하고 깨끗하여, 흔들림이 없고, 잡다한 욕심이나 걱정이 없는 마음을 말하고, 또 하나는 달 같은 성품입니다. 달은 깨끗하고 맑은 이미지를 지니며, 사람의 품성과 태도가 도덕적이고 올바르며, 감정적으로도 안정적임을 나타냅니다. 운심월성의 성품은 곧 욕심과 집착을 버리고 구름처럼 가볍고 자유로운 마음가짐을 가져야 하며, 정직하고 청렴한 태도로 신뢰를 얻어 좋은 인간관계를 형성할 수 있다는 가르침을 주는 지혜의 말입니다.

〖 **한자를 알면 뜻이 보인다** 〗

雲心月性 : 구름[雲] 같은 마음[心]과 달[月] 같은 성품[性]
맑고 깨끗하여 욕심이 없는 청렴한 마음을 비유.

한자 속 어휘의 발견

雲 : 구름 운, 12획 — 부수: 雨

비 우(雨)와 이를 운(云)이 합하여 이루어진 모습이다. 뭉게구름이 피어오른 모습과 날씨와 관련된 글자임을 뜻하기 위해 雨가 더해지면서 '구름'이나 '습기', '덩어리'라는 뜻을 가진 글자가 되었다.

운무(雲霧) : 구름 운(雲)과 안개 무(霧)로, 구름과 안개.
(예문) 운무가 걷히기 시작하여 곳곳의 기암절벽과 봉우리들이 눈에 들어왔다.

心 : 마음 심, 4획 — 부수: 心

'마음'이나 '생각', '심장', '중앙'이라는 뜻을 가진 글자이다. 사람의 심장 모양을 본뜬 글자로 고대에는 사람의 뇌에서 지각하는 개념이 모두 심장에서 나오는 것으로 인식했다.

자부심(自負心) : 스스로 자(自), 질 부(負), 마음 심(心)으로, 자신의 가치나 능력을 믿고 당당히 여기는 마음.
(예문) 그 장인은 세계 제일의 구두를 만든다는 자부심이 대단하다.

月 : 달 월, 4획 — 부수: 月

달의 모양을 본뜬 글자이다. 항상 차 있는 해(日)와 구별해서 차고 기우는 달의 형상에서 이지러지는 초승달의 모양을 본뜬 모습으로, '달'이나 '시기', '시간' 등의 의미로 쓰이고 있다.

정월(正月) : 정월 정(正)과 달 월(月)로, 음력으로 일 년 중의 첫째 달.
(예문) 정월 대보름날 동네 아이들은 횃불을 들고 달맞이를 하며 소원을 빌었다.

性 : 성품 성, 8획 — 부수: 忄

마음 심(心)과 날 생(生)이 합하여 이루어진 모습으로, 타고난 마음의 성질을 의미하여 '성품'이나 '성질'이라는 뜻을 가지게 되었다.

특성(特性) : 특별할 특(特)과 성품 성(性)으로, 한 대상을 특징짓는 고유한 성질.
(예문) 추위에 강한 특성을 가진 작물은 한대 지방에서도 잘 자란다.

〚　　키워드로 보는 사자성어, #성품　　〛

강유겸전(剛柔兼全) : 굳세고 부드러운 성품을 겸하여 갖춤
(예문) 그 정치인은 강유겸전 성품의 소유자이다.

성정우량(性情優良) : 성격과 기질이 우수하다.
(예문) 성수는 성정우량한 인물로, 주변 사람들로부터 존경과 신뢰를 받고 있다.

본연지성(本然之性) : 사람이 본디부터 가지고 태어난 심성.
(예문) 그는 인간의 본연지성이 선하다고 주장하였다.

〚　　운심월성, 이럴 때 이렇게　　〛

1. 운심월성의 미덕을 실천하는 사람은 타인과의 관계에서 신뢰와 존경을 얻으며, 도덕적 기준을 세우는 데 기여한다.

2. 그 정치인은 운심월성이라는 원칙을 가슴에 새기고 청렴한 마음으로 일에 최선을 다하겠다고 약속했다.

3. 그 지도자는 구름처럼 넓은 마음과 달처럼 고상한 성품을 지니고 있어, 모든 이에게 존경을 받으며 평화로운 분위기를 이끌어갔다.

4. 그 친구는 운심월성의 미덕을 실천하는 사람이다. 언제나 타인을 이해하고, 자신의 도덕적 기준을 지키며 존경받는 인물이다.

5. 그 멘토는 항상 '운심월성'의 원칙을 강조하며, 자신의 마음을 너그럽게 하고 성품을 고상하게 유지하는 것이 중요하다고 가르쳤다.

여덟째 마당

배움지식

배움은 지혜의 씨앗을 심고,
그 씨앗이 자라나게 하는 과정이다.

·

배움은 내면의 정원에 지혜의 씨앗을 심는 조용한 작업입니다.
그 씨앗은 비와 햇살을 받으며 자라나, 삶의 풍부한 꽃을 피우게 되듯이,
매일 배움의 씨앗은 땅속 깊이 뿌리내리며, 결국에는 심오한 지혜의 숲을 이루는
아름다운 산을 만들게 됩니다.

하나를 알면 열 가지를 아는
총명함을 표현할 때

聞一知十

문일지십

문일지십(聞一知十)은 한 가지를 들으면 열 가지를 안다는 뜻으로, 매우 뛰어난 이해력과 학습 능력을 겸비한 사람을 표현할 때 사용하는 한자 성어입니다. 이 성어는 공자와 그의 제자 안회, 자공의 대화에서 유래되었습니다. 공자가 자공에게 안회에 대해 어떻게 생각하는지 묻자, 자공은 안회가 하나를 들으면 열을 깨닫는다고 답하여 자기의 능력과 비교했습니다. 이에 공자는 두 제자 모두 뛰어나지만, 안회의 학습 능력을 높이 평가하며 문일지십이라는 표현을 사용했습니다. 이 표현은 지혜를 추구하는 데 있어 깊이 있는 이해와 학습이 필요함을 강조하는 말입니다. 즉 정보를 수집할 때 그 정보의 표면적인 부분만을 보는 것이 아니라, 그 배경과 맥락을 학습할 수 있도록 노력하고, 그 정보를 실제 어떻게 생활에 적용할 수 있는지를 살펴야 한다는 가르침을 주고 있는 말입니다.

〚　　　　한자를 알면 뜻이 보인다　　　　〛

聞一知十 : 한[一] 가지를 들으면[聞] 열[十] 가지를 안다[知]
　　　　　이해력과 학습력이 뛰어남을 비유한 말.

한자 속 어휘의 발견

聞 : 들을 문, 14획 —— 부수: **耳**

문 문(門)과 귀 이(耳)가 합하여 이루어진 모습으로, 문틈 사이로 흘러나오는 소리를 귀로 들으니, '듣다'나 '들리다'라는 뜻을 가진 글자가 되었다.

> 염문(艷聞) : 고울 염(艷)과 들을 문(聞)으로, 남녀의 연애에 관한 소문.
> (예문) 그 여배우는 또 다른 남자와 열애 중이라는 염문이 떠돈다.

一 : 한 일, 1획 —— 부수: **一**

막대기를 옆으로 눕혀놓은 모습을 그린 것으로, '하나'나 '첫째', '오로지'라는 뜻을 가진 글자이다.

> 일선(一線) : 한 일(一)과 줄 선(線)으로, 직접 일을 다루거나 처리하는 위치
> (예문) 그는 이번 기회에 아들에게 회사를 물려주고 일선에서 물러날 계획이다.

知 : 알 지, 8획 —— 부수: **矢**

화살 시(矢)와 입 구(口)가 합하여 이루어진 모습으로, '알다'나 '나타내다'라는 뜻을 가진 글자이다. 아는 것을 입으로 말하는 것이 화살처럼 빠르다는 의미에서 '알다'는 의미가 생성되었다.

> 지각(知覺) : 알지(知)와 깨달을 각(覺)으로, 알아서 깨달음. 또는 그런 능력.
> (예문) 아이큐 검사는 주로 숫자의 배열과 도형의 배치에서 일정한 규칙을 지각해내는 능력을 평가한다.

十 : 열 십, 2획 —— 부수: **十**

상하좌우로 획을 그은 것으로, '열'이나 '열 번'이라는 숫자를 뜻하는 글자이다.

> 십분(十分) : 열 십(十)과 나눌 분(分)으로, 분량이나 조건 따위가 만족할 만큼 충분히.
> (예문) 답답한 마음은 십분 이해합니다만, 저희가 도울 수 있는 일이 없네요.

〚　　키워드로 보는 사자성어, #총명　　〛

총명예지(聰明叡智) : 영리하고 기억력이 좋으며 사물의 도리를 꿰뚫어 보는 지혜가 있다는 뜻.
　(예문) 그는 총명예지하고 성품이 좋은 사람으로 인정받고 있다.

총명지재(聰明之才) : 총명하고 재주가 뛰어난 사람을 의미함.
(예문) 그는 어릴 때부터 책을 좋아하고 이해가 빨라, 마을 사람들로부터 총명지재로 불렸다.

명철보신(明哲保身) : 총명하고 사리에 밝아서 일을 잘 처리하여 일신을 잘 보전함.
　(예문) 철이는 명철보신하여 여러 가지 악재 속에서도 살아남았다.

〚　　문일지십, 이럴 때 이렇게　　〛

1. 그는 문일지십의 능력을 가진 전략가로, 회의 중 몇 마디의 대화만으로도 전체 프로젝트의 방향을 정확히 이해하고 효과적인 해결책을 제시했다.

2. 그 선생님은 문일지십의 지혜를 지닌 분으로, 학생들의 답변 몇 개만으로도 그들의 이해도를 완벽하게 평가하고 적절한 피드백을 제공했다.

3. 문일지십의 능력을 가진 그 엔지니어는 복잡한 시스템의 문제를 단번에 파악하고, 간단한 설명으로도 문제의 본질을 정확히 이해하여 신속하게 해결책을 제시했다.

4. 그 연구자는 문일지십의 통찰력을 발휘하여 실험 결과의 일부만으로도 전체 실험의 의미를 깨닫고, 새로운 이론을 제안하는 데 성공했다.

5. 는 문일지십의 능력을 지닌 문제 해결사로, 상황의 작은 단서만으로도 전체 문제를 빠르게 분석하고 해결책을 제시했다.

사물의 이치를 깨닫고 지혜를 얻는 것이
진정한 지식의 길이다

格物致知

격물치지

격물치지(格物致知)는 사물의 이치를 바로잡아 지식에 이른다는 뜻으로, 지식 추구에 있어 사물의 본질을 깊이 있게 탐구하여 그 과정에서 얻어진 지식을 바탕으로 진리를 깨닫는다는 의미로 표현할 때 사용하는 말입니다. 이 말은 중국 고전 〈대학(大學)〉에서 나오는 성리학의 중요한 개념 중 하나로 격물(格物)이란 사물의 이치를 탐구하고 정확하게 파악하는 것을 뜻하며, 치지(致知)는 격물을 통해 얻은 지식을 바탕으로 진리를 깨닫고 확립한다는 말입니다. 격물치지는 단순히 사물의 표면적인 모습을 관찰하는 것을 넘어, 그 이면에 숨겨진 이치를 깊이 있게 파고들어 진리를 탐구하는 과정을 의미하는 것입니다. 끊임없이 배우고 탐구하며, 깊이 있는 사고를 통해 문제를 해결하고 새로운 가치를 창출하는 삶을 살아가는 것이야말로, 지정한 배움의 자세라 할 수 있습니다.

〖   한자를 알면 뜻이 보인다   〗

格物致知 : 사물[物]의 이치를 바로잡아[格] 지식[知]에 이름[致]
모든 사물의 이치를 끝까지 파고들어 앎에 이름.

한자 속 어휘의 발견

格 : 격식 격, 10획 ─────────────────────────── 부수: 木

나무 목(木)과 각각 각(各)이 합하여 이루어진 모습으로, '격식'이나 '바로잡다'라는 뜻을 가진 글자이다. 본래 가지치기한 나무를 뜻하기 위해 만든 글자였으나, 나무의 가지를 다듬어 모양을 바로잡는다는 뜻으로 확대되면서 후에 '바로잡다', '고치다'라는 뜻을 갖게 되었다.

> 격식(格式) : 격식 격(格)과 법 식(式)으로, 격에 맞는 일정한 방식.
> (예문) 글은 내용도 중요하지만, 격식을 갖추는 것도 중요하다.

物 : 물건 물, 8획 ─────────────────────────── 부수: 牛

소 우(牛)와 말 물(勿)이 합하여 이루어진 모습으로 '물건'이나 '사물'이라는 뜻을 가진 글자이다.

> 물질(物質) : 만물 물(物)과 바탕 질(質)로, 물체를 이루는 본 바탕.
> (예문) 강에 오염 물질을 무단으로 방류한 업체가 적발되었다.

致 : 이를 치, 10획 ─────────────────────────── 부수: 至

이를 지(至)와 칠 복(攵)이 합하여 이루어진 모습으로, '이르다'나 '보내다'라는 뜻을 가진 글자이다.

> 재치(才致) : 재주 재(才)와 이를 치(致)로, 어떤 상황에서 일을 눈치 빠르게, 능숙하게 그리고 슬기롭게 처리하는 솜씨.
> (예문) 이번 사태를 해결하기 위해서는 재치가 있는 사람이 필요하다.

知 : 알 지, 8획 ─────────────────────────── 부수: 矢

화살 시(矢)와 입 구(口)가 합하여 이루어진 모습으로, '알다'나 '나타내다'라는 뜻을 가진 글자이다. 아는 것을 입으로 말하는 것이 화살처럼 빠르다는 의미에서 '알다'는 의미가 생성되었다.

> 인지(認知) : 알 인(認)과 알 지(知)로, 어떠한 사실을 분명하게 인식하여 앎.
> (예문) 그림책을 읽어 주는 것은 아동의 인지를 발달시키는 데 도움을 준다.

〚　　키워드로 보는 사자성어, #이를 치(致)　　〛

만장일치(滿場一致) : 회장에 모인 모든 사람의 의견이 일치함.
　예문　그 결의안은 만장일치로 통과되었다.

언행일치(言行一致) : 말과 그에 따른 행동이 같음.
　예문　운기는 언행일치를 실천하며 살려고 노력한다.

전심치지(傳心致志) : 한 가지 일에만 마음을 바치어 뜻한 바를 이룸.
　예문　그가 성공할 수 있었던 것은 전심치지의 결과이다.

〚　　격물치지, 이럴 때 이렇게　　〛

1. 문제를 해결하기 위해 그는 격물치지의 자세로 문제의 근본 원인을 철저히 분석하고, 실질적인 해결책을 제시했다.

2. 철학자는 격물치지의 원칙에 따라 인간 존재와 자연의 법칙을 깊이 탐구하며, 인류의 지식을 확장하려고 노력했다.

3. 그 학자는 격물치지의 정신을 바탕으로, 다양한 자연 현상을 세밀히 연구하여 과학적 이론을 발전시켰다.

4. 기술 개발에 있어서 격물치지의 접근법을 채택하여, 기초 원리를 철저히 이해하고 혁신적인 기술을 창출했다.

5. 자신의 능력을 키우기 위해 그는 격물치지의 원칙을 적용하여, 자신의 강점과 약점을 분석하고 지속적으로 자기 발전을 추구했다.

가르침과 배움이 함께 성장할 때, 진정한 지식의 깊이가 더해진다

教學相長

교학상장

교학상장(教學相長)은 가르치고 배우는 일이 서로 자라게 한다는 뜻으로, 가르치는 것과 배우는 것이, 서로에게 도움이 되어 함께 발전할 때 표현하는 한자 성어입니다. 이 표현은 유교 경전인 《예기》에서 나오는 말로, 몇 가지 중요한 가르침을 주고 있습니다. 교육이 단순히 일방적인 지식 전달이 아니라, 가르치는 사람과 배우는 사람이 서로 배우고 성장하는 과정이라는 것입니다. 둘째, 지식의 공유와 나눔의 중요성입니다. 가르침과 배움의 과정에서 서로의 지식을 공유함으로써, 성장을 돕고 더 나은 이해와 통찰을 얻게 된다는 것입니다. 셋째, 협력과 소통의 중요성입니다. 교육이란 상호 존중과 소통을 통해 이루어질 때, 더욱 효과적으로 성장하고 발전을 할 수 있다는 것입니다. 결국 교학상장이란 교육의 본질이 지식 전달을 넘어서 가르치는 사람과 배우는 사람이 함께 성장하고 발전하는 관계라는 메시지를 전하고 있습니다.

〚 한자를 알면 뜻이 보인다 〛

教學相長 : 가르치고[教] 배우는[學] 일이 서로[相] 자라게[長] 함
가르치고 배우는 과정에서 서로 함께 성장함.

→ 한자 속 어휘의 발견 ←

敎 : 가르칠 교, 11획 ─────────────────────────── 부수: 攵

효 효(孝)와 아들 자(子), 칠 복(攵)이 합하여 이루어진 모습으로, 아버지가 자식에게 글자를 가르치는 모양에서 '가르치다'나 '가르침'이라는 뜻을 가진 글자가 되었다.

교원(敎員) : 가르칠 교(敎)와 인원 원(員)으로, 학교에서 학생을 가르치는 사람들을 말함.
(예문) 나는 교원 임용 시험에 합격해서 공립 중학교 교사가 되었다.

學 : 배울 학, 16획 ─────────────────────────── 부수: 子

절구 구(臼)와 집 면(宀), 효 효(爻), 아들 자(子)가 합하여 이루어진 모습으로, '배우다'나 '공부하다'라는 뜻을 가진 글자이다.

학계(學界) : 배울 학(學)과 지경 계(界)로, 학문을 연구하는 사회, 또는 학자들의 사회.
(예문) 그는 학계의 권위자이다.

相 : 서로 상, 9획 ─────────────────────────── 부수: 目

나무 목(木)과 눈 목(目)이 합하여 이루어진 모습으로, '서로'라는 뜻을 가진 글자이다. 나무에 올라가서 눈으로 먼 곳을 본다는 의미에서 '보다'는 뜻이 생성되었으며, 후에 함께 본다는 것에서 '서로'와 보고 돕는다는 것에서 '돕다'라는 뜻을 가지게 되었다.

상충(相衝) : 서로 상(相)과 찌를 충(衝)으로, 서로 맞지 않고 마주치거나 어긋남.
(예문) 국가나 지역 간의 이해관계의 상충은 전쟁을 유발시킨다.

長 : 길 장, 어른 장, 8획 ─────────────────────────── 부수: 長

뚫을 곤(丨)과 석 삼(三), 옷의변 의(𧘇)가 합하여 이루어진 모습으로, 노인이 지팡이를 짚고 머리를 길게 아래로 늘어뜨리고 있는 모습을 본떠 '길다', '어른', '오래다'는 뜻을 가진 글자가 되었다.

수장(首長) : 머리 수(首)와 어른 장(長)으로, 윗자리에 위치해 단체를 지배하고 통솔하는 사람.
(예문) 그녀는 현재 상황에서 입법부 수장으로서의 직책을 수행하기가 힘들다고 생각했다.

〖   키워드로 보는 사자성어, #길 장, 어른 장(長)   〗

장원지계(長遠之計) : 먼 장래에 대한 계획
(예문) 현섭이의 아버지는 그가 장원지계가 없어서 늘 걱정하고 계셨다.

가부장제(家父長制) : 가족에 대해 지배권을 가지는 가족 형태. 또는 그런 지배 형태.
(예문) 현대 사회에서는 가부장제가 점점 무너지고 있다.

중장기적(中長期的) : 기간이 중간쯤 되거나 긴 것.
(예문) 사장은 임직원에게 매출 신장에 대한 중장기적인 계획을 세워 보라고 지시했다.

〖   교학상장, 이럴 때 이렇게   〗

1. 그 선생님은 교학상장의 원칙을 실천하여, 학생들에게 가르치는 과정에서 오히려 자신도 새로운 지식을 얻고 성장할 수 있었다.

2. 직장 내 교육 프로그램에서 상사와 직원이 서로 지식을 공유하며 교학상장의 원칙을 실천하였다. 이로 인해 회사 전체의 전문성이 향상되었다

3. 나는 교학상장의 뜻을 이해하면서, 지식을 나누는 것이 성장의 기회라는 것을 깨달았습니다.

4. 팀 프로젝트를 진행하며, 팀원들이 서로 가르치고 배우는 과정에서 교학상장의 효과를 경험했다. 서로의 지식과 경험이 팀 전체의 성장을 촉진했다.

5. 연구 논문을 작성하면서 교수와 학생 간의 토론은 교학상장으로 이어졌고, 이 과정에서 양측 모두 연구의 깊이를 더할 수 있었다.

모르는 것을 부끄러워하지 않고 묻는 것은 진정한 배움의 시작이다

不恥下問

불치하문

　불치하문(不恥下問)은 아랫사람에게 묻는 것을 부끄러워하지 않는다는 뜻으로, 자신보다 지위가 낮거나, 아는 것이 적다고 생각되는 사람에게도 거리낌 없이 질문하고 배우려는 자세를 표현할 때 사용하는 성어입니다. 불치하문은 공자의 말에서 유래되었습니다. 공자의 제자 자공이 스승에게 위나라 대부였던 공문자(孔文子)의 시호가 왜 문(文)인지를 묻자, 공자는 "공문자는 민첩해서 배우기를 좋아했고, 아랫사람에게 묻는 것을 부끄럽게 여기지 않았기 때문에 시호를 문이라고 한 것이다."라고 대답하였습니다. 즉, 공문자가 아랫사람에게도 묻고 배우는 것을 주저하지 않았기 때문에 학문이 뛰어나고 문명을 밝혔다는 의미에서 '문'이라는 시호를 받았다는 것입니다. 불치하문은 빠르게 변화하는 사회에서 살아남기 위해서는 겸손하고 열린 마음으로 끊임없이 배우고 새로운 지식을 습득하는 자세를 강조하는 말입니다.

〚　**한자를 알면 뜻이 보인다**　〛

不恥下問 : 아래[下] 사람에게 묻는[問] 것을 부끄러워하지[恥] 않음[不]
지위, 학식, 나이가 자기보다 못한 사람에게 묻는 것을 부끄럽게 여기지 아니함.

한자 속 어휘의 발견

不 : 아닐 불, 1획 — 부수: 一

땅속으로 뿌리를 내린 씨앗을 그린 것으로, 아직 싹을 틔우지 못한 상태라는 의미에서 '아니다'나 '못하다', '없다'라는 뜻을 가진 글자이다.

부재중(不在中) : 아닐 부(不), 있을 재(在), 가운데 중(中)으로, 정해진 곳에 있지 않는 동안.
(예문) 지금은 부재중이라 전화를 받을 수 없다.

恥 : 부끄러울 치, 10획 — 부수: 心

귀 이(耳)와 마음 심(心)이 합하여 이루어진 모습으로, 마음속으로 부끄러움을 느낀다는 의미에서 '부끄러워하다'나 '부끄럽게 여기다'라는 뜻을 가진 글자다.

치부(恥部) : 부끄러워할 치(恥)와 나눌 부(部)로, 남에게 숨기고 싶은 부끄러운 부분.
(예문) 언론은 최근 공직자들의 온갖 치부와 비리를 파헤치고 있다.

下 : 아래 하, 3획 — 부수: 一

밑의 것이, 위의 것에 덮여 있는 모양을 본뜬 것으로, '아래'나 '밑', '끝'이라는 뜻을 가진 글자이다.

비하(卑下) : 낮을 비(卑)와 아래 하(下)로, 스스로를 낮춤.
(예문) 재석이는 자신을 무능한 사람이라고 비하를 하고 있다.

問 : 물을 문, 11획 — 부수: 口

문 문(門)과 입 구(口)가 합하여 이루어진 모습으로, '묻다'나 '방문하다'라는 뜻을 가진 글자이다.

문책(問責) : 물을 문(問)과 꾸짖을 책(責)으로, 일의 책임을 캐묻고 꾸짖음.
(예문) 김 과장은 보고서를 기한까지 작성하지 못하여 부장에게 문책 당하였다.

【　　키워드로 보는 사자성어, #아래 하(下)　　】

평가절하(平價切下) : 한 나라의 통화의 대외 가치가 하락하는 것.
[예문] 올해 경상 수지가 적자로 반전됨에 따라 원화의 평가절하가 예상되고 있다.

천하제일(天下第一) : 세상에서 가장 좋거나 중요한 것.
[예문] 이 과일은 농부들이 천하제일을 자부할 만큼 맛이 좋다.

도중하차(途中下車) : 하던 일을 완수하지 못하고 중도에 그만둠.
[예문] 인기 드라마에 출연하던 민호는 부상을 당해 도중하차를 하게 되었다.

【　　불치하문, 이럴 때 이렇게　　】

1. 그 학생은 불치하문을 실천하여, 어려운 문제를 만났을 때 주저하지 않고 교수님께 질문을 했고, 그로 인해 깊이 있는 이해를 할 수 있었다..

2. 연구 팀장은 불치하문을 통해 동료 연구자들에게 도움을 요청하며, 새로운 아이디어와 해법을 얻어 프로젝트를 성공적으로 마무리했다

3. 신입 사원은 불치하문을 통해 선배들에게 적극적으로 질문하며 업무를 배워 나갔고, 그 과정에서 빠르게 성장할 수 있었다.

4. 그가 학문적으로 위대한 스승이 될 수 있었던 것은 모르는 것이 있을 때 불치하문하였기 때문이었다.

5. 그는 자존심이 아주 강한 사람이었지만 모르는 것이 있을 때는 불치하문할 줄 아는 사람이었다.

과거의 지식을 통해 현재를 이해하고, 새로운 진리를 발견하다

溫故知新

온고지신

온고지신(溫故知新)은 옛것을 익히고 새로운 것을 안다는 뜻으로, 과거의 지식과 경험을 바탕으로 끊임없이 배우고 연구하여 새로운 지식과 지혜를 얻는 것을 표현할 때 사용하는 말입니다. 온고지신은 단순히 새로운 것을 배우고 익히는 것에 그치지 않고, 이미 알고 있는 것을 되돌아보고 반성하며 더 깊이 이해하는 과정이 필요합니다. 과거의 경험과 지식은 현재와 미래를 이해하는 데 중요한 토대가 되기 때문입니다. 또한 옛것을 단순히 반복하는 것이 아니라, 그것을 바탕으로 새로운 아이디어와 통찰을 얻어 창의적으로 발전시키는 것이 중요합니다. 그래서 온고지신은 과거와 현재, 그리고 미래를 연결하는 중요한 의미가 있는 표현입니다. 과거의 지혜를 바탕으로 현재를 살아가고 미래를 준비하는 것은, 개인뿐만 아니라 사회 전체의 발전을 위해 중요한 가치라는 것을 명심해야 할 것입니다.

〚 **한자를 알면 뜻이 보인다** 〛

溫故知新 : 옛것[故]을 익히고[溫] 새것[新]을 앎[知]
옛 지식을 익히고 끊임없이 연구하여 새로운 지식을 창출함.

한자 속 어휘의 발견

溫 : 따뜻할 온, 13획 — 부수: 氵

물 수(水)와 가둘 수(囚), 그릇 명(皿)이 합하여 이루어진 모습으로, '따뜻하다'나 '데우다', '온순하다'라는 뜻을 가진 글자이다.

> 미온적(微溫的) : 작을 미(微)와 따뜻할 온(溫), 과녁 적(的)으로, 일에 대한 대응에 적극성이 없고 미적지근한 것.
> [예문] 상대측의 반응이 미온적이다.

故 : 옛 고, 9획 — 부수: 攵

옛 고(古)와 칠 복(攵)이 합하여 이루어진 모습으로, '옛날'이나 '옛일'이라는 뜻을 가진 글자다.

> 고습(故習) : 옛 고(故)와 익힐 습(習)으로, 옛날부터 내려오는 습관.
> [예문] 결혼할 때 예단을 보내고 함을 들이는 것은 우리의 고습이다.

知 : 알 지, 8획 — 부수: 矢

화살 시(矢)와 입 구(口)가 합하여 이루어진 모습으로, '알다'나 '나타내다'라는 뜻을 가진 글자이다. 아는 것을 입으로 말하는 것이 화살처럼 빠르다는 의미에서 '알다'는 의미가 생성되었다.

> 친지(親知) : 친할 친(親)와 알 지(知)로, 서로 잘 알고 친근하게 지내는 사람.
> [예문] 이번 설날에는 고향과 친지를 꼭 방문해야지.

新 : 새 신, 13획 — 부수: 斤

매울 신(辛)과 나무 목(木), 도끼 근(斤)이 합해진 모습으로 나무를 도끼로 찍어 다듬은 모양에서 '새로운 재목'의 의미가 생성되어 '새로운'이나 '새롭게'라는 뜻을 가지게 되었다.

> 쇄신(刷新) : 닦을 쇄(刷)와 새 신(新)으로, 묵은 것이나 폐단을 없애고 새롭게 함.
> [예문] 야당 대표는 국정 쇄신의 필요성을 역설하였다.

〚　　키워드로 보는 사자성어, #새로움(新)　　〛

송구영신(送舊迎新) : 묵은해를 보내고 새해를 맞음.
(예문) 설날이 되면 송구영신의 의미로 연을 날려 보내는 풍습이 있다.

서정쇄신(庶政刷新) : 여러 가지 정치상의 폐단을 말끔히 없애고 새롭게 함.
(예문) 부정부패, 서정쇄신이란 말이 연일 신문에 오르내릴 때가 있었다.

개과자신(改過自新) : 지난날의 잘못을 뉘우치고 고쳐 착하게 됨.
(예문) 그는 고향에 내려가 개과자신하며 열심히 살고 있다.

〚　　온고지신, 이럴 때 이렇게　　〛

1. 문헌을 분석하는 과정에서 온고지신의 자세를 취하여, 고전의 교훈을 현대적 맥락에서 새롭게 해석하고 응용할 수 있었다.

2. 교사는 온고지신의 접근법을 사용하여, 기존의 교육 자료와 방법을 되새기며 학생들에게 더 효과적인 학습 방식을 제공했다.

3. 우리는 고전을 읽고 온고지신하여 그 속에 깃든 정신을 올바르게 이어나가야 한다.

4. 는 온고지신의 자세로 자신의 과거 경험을 돌아보고, 거기에서 얻은 교훈을 바탕으로 새로운 도전에 맞서 성장해 나갔다.

5. 교육 전문가들은 온고지신의 원칙을 따라 전통 교육 방식을 연구하여 현대 교육 혁신에 활용할 수 있는 방법을 찾았다.

타인의 실수와 경험에서 교훈을 얻는 것이 지혜의 길이다

他山之石

타산지석

타산지석(他山之石)은 다른 산의 돌이라는 뜻으로, 다른 사람의 잘못된 행동이나 사례를 본보기로 자신의 인격을 수양하는 데 도움이 될 수 있다고 표현할 때 사용하는 말입니다. 하찮거나 쓸모없어 보이는 것을 잘 활용하면 가치 있게 만드는 데 도움이 될 수 있다는 뜻입니다. 타산지석은 우리에게 여러 가지 깨달음을 주는 말입니다. 첫째, 다른 사람의 잘못이나 실수에도 배울 점이 있다는 것을 깨닫고, 자기의 성장을 위해 활용하는 겸손한 자세가 필요합니다. 둘째, 다른 사람의 행동을 보며 자신의 부족함을 반성하고 개선하려는 노력이 필요합니다. 이는 자기성찰과 발전을 위해 중요한 과정입니다. 결국 타산지석이라는 말은 단순히 남의 잘못을 보는 것이 아니라 자신을 발전시키기 위한 중요한 말이라는 것을 명심해야 합니다.

〖　　한자를 알면 뜻이 보인다　　〗

他山之石 : 다른[他] 산[山]의[之] 돌[石]
다른 사람의 하찮은 언행 또는 실패까지도 자신을 수양하는 데 도움이 됨.

한자 속 어휘의 발견

他 : 다를 타, 5획 — 부수: 亻

사람 인(人)과 어조사 야(也)가 합하여 이루어진 모습으로, 사람과 뱀이 서로 다르다는 것에서 '다르다'나 '다른'이라는 뜻을 가진 글자가 되었다.

여타(餘他) : 남을 여(餘)와 다를 타(他)로, 나머지 다른 것.
[예문] 초경량 항공기는 여타 항공 레포츠보다 훨씬 안전하다.

山 : 뫼 산, 3획 — 부수: 山

'뫼'나 '산', '무덤'이라는 뜻을 가진 글자다. 山은 육지에 우뚝 솟은 세 개의 봉우리를 그린 것으로 '산'을 형상화한 상형문자이다.

산촌(山村) : 뫼 산(山)과 마을 촌(村)으로, 산속에 있는 마을.
[예문] 나는 강원도의 외딴 산촌에서 태어났다.

之 : 갈 지, 4획 — 부수: 之

사람의 발을 그린 것으로, '가다'나 '~의', '~에'와 같은 뜻으로 쓰이는 글자이다.

이왕지사(已往之事) : 이미 지나간 일.
[예문] 이왕지사 말이 나왔으니 그 일을 어서 추진합시다.

石 : 돌 석, 5획 — 부수: 石

벼랑 끝에 매달려 있는 돌덩이를 본뜬 모습으로, '돌'이나 '용량 단위'로 쓰이는 글자이다.

비석(碑石) : 비석 비(碑)와 돌 석(石)으로, 무덤에 묻힌 자의 이름 및 행적을 알리기 위해 돌에 글을 새겨서 세우는 것.
[예문] 강 선생님은 자신의 묘에 비석을 세우지 말아 달라고 유언했다.

〚　　키워드로 보는 사자성어, #다를 타, 겹칠 타(他)　　〛

이타주의(利他主義) : 타인의 행복과 이익을 도덕적 행위의 목적으로 하는 생각이나 이론.
(예문) 이타주의를 앞세운 마음으로 훈훈하고 따뜻한 이웃, 정감 있는 세상을 만들어 보자.

배타주의(排他主義) : 다른 사람의 생각이나 사상을 배척하여 받아들이지 않으려는 주의.
(예문) 서구 문화에 대한 무조건적인 배척과 부정은 극단적 배타주의의 전형이다.

만리타향(萬里他鄕) : 조국이나 고향에서 멀리 떨어져 있는 다른 지방.
(예문) 학업을 위해 만리타향에 나가 있던 아들이 어제 집에 돌아왔다.

〚　　타산지석, 이럴 때 이렇게　　〛

1. 다른 기업의 실패 사례를 분석하며 타산지석을 삼아, 우리 회사의 전략을 더욱 신중하게 재검토했다.

2. 친구의 경험담을 듣고 타산지석으로 삼아, 비슷한 실수를 반복하지 않도록 조심하겠다고 다짐했다.

3. 학생들은 타산지석의 원칙을 적용하여, 다른 사람들의 잘못된 행동에서 교훈을 얻고 자신의 행동을 개선해 나가야 한다.

4. 다른 국가의 정책 실패를 타산지석으로 삼아, 우리나라의 정책을 보다 효과적이고 실용적으로 개선하기 위한 노력을 기울였다.

5. 프로젝트 팀은 다른 팀의 프로젝트 실패 사례를 타산지석으로 삼아, 우리의 계획을 더욱 철저하게 세우고 위험을 최소화했다.

나의 발전을 위해
학문이나 인격을 갈고, 닦아야 할 때

切磋琢磨

절차탁마

절차탁마(切磋琢磨)는 돌을 자르고, 갈고, 다듬고, 문지른다는 뜻으로, 사람의 학문이나 덕행을 부지런히 연마하고 수양하는 것을 표현할 때 사용하는 말입니다. 절차탁마는 《시경》의 위풍편(衛風篇)에 나오는 "나의 옥을 자르고, 갈고, 다듬고, 문질러야 한다."라는 구절에서 유래하였으며, 이는 사람의 인격과 지혜를 갈고, 닦는 과정을 비유한 말입니다. 이런 과정은 인내와 꾸준한 노력으로, 자신의 부족함을 인정하고 이를 개선하기 위해 지속적으로 학문이나 인격을 연마해야 한다는 가르침을 주고 있는 말입니다. 현대 사회를 살아가는 우리에게 학문을 배우고 인격을 연마한다는 것은 지식을 쌓는 것을 넘어, 세상을 이해하고 자신을 돌아보게 하며, 더 나은 사람으로 변화시키는 힘을 가지고 있음을 명심해야 합니다.

〚   **한자를 알면 뜻이 보인다**   〛

切磋琢磨 : 돌을 자르고[切], 갈고[磋], 다듬고[琢], 문지르다[磨]
학문과 인격을 부지런히 연마하고 수양하는 것을 말함.

한자 속 어휘의 발견

切 : 끊을 절, 4획 — 부수: 刀

일곱 칠(七)과 칼 도(刀)가 합하여 이루어진 모습으로, '끊다'나 '베다'라는 뜻을 가진 글자이다.

품절(品切) : 물건 품(品)과 끊을 절(切)로, 물건이 다 팔리고 없음.
[예문] 구멍가게 주인은 소주가 품절이라면서 다른 가게에 가서 사라고 했다.

磋 : 갈 차, 15획 — 부수: 石

돌 석(石)과 다를 차(差)가 합하여 이루어진 모습으로, 상아를 간다는 의미에서 '갈다', '연마하다'라는 뜻을 가진 글자가 되었다.

차석(磋石) : 갈 차(磋)와 돌 석(石)으로, 돌을 갈거나 연마하는 것.
[예문] 차석의 과정에서 얻은 경험은 그의 연마 기술을 더욱 향상시켰다.

琢 : 다듬을 탁, 12획 — 부수: 王

구슬 옥(玉)과 발 얽은 돼지 걸음 축(豖)이 합하여 이루어진 모습으로, 옥을 쪼아 다듬는다는 의미에서, '다듬다', '연마하다'라는 뜻을 가진 글자이다.

조탁(彫琢) : 새길 조(彫)와 다듬을 탁(琢)으로, 시문 따위를 아름답게 다듬음.
[예문] 언어의 조탁에 뛰어난 작가는 우리말을 세련되게 표현하는 데 큰 역할을 하였다.

磨 : 문지를 마, 16획 — 부수: 石

돌 석(石)과 삼 마(麻)가 합하여 이루어진 모습으로, '갈다'나 '닳다', '문지르다'라는 뜻을 가진 글자이다. 돌로 갈아 문지르거나 부순다는 의미에서 '연마하다'까지 파생되었다.

마모(磨耗) : 갈 마(磨)와 줄 모(耗)로, 마찰로 닳아 없어지거나 무디어짐.
[예문] 그 부품은 마모에 잘 견디는 우수한 강철로 만든다.

〚　키워드로 보는 한자 어휘, #끊다, 끊을 절(切)　〛

절취(切取) : 물체를 잘라 내거나 잘라 가짐.
(예문) 명신이는 과외 전단지 하단의 전화번호를 절취하여 가져갔다.

절제(切除) : 한덩어리에서 부분을 잘라 냄.
(예문) 뱀에 물린 환자의 다리가 부어오르자 의사는 환부의 절제를 시도하였다.

절단(切斷) : 자르거나 베어서 끊음.
(예문) 그는 전쟁 때 폭탄에 맞아 다리 절단이라는 끔찍한 일을 당했다고 한다.

〚　절차탁마, 이럴 때 이렇게　〛

1. 그 전문가는 절차탁마의 자세로 끊임없이 자신의 기술을 연마하며, 업계에서 인정받는 전문가로 성장했다.

2. 학생은 절차탁마의 원칙을 적용하여, 공부에 열중하고 부족한 부분을 개선하기 위해 끊임없이 노력했다.

3. 교장 선생님께서는 학생들에게 절차탁마하여 지식과 인격을 함께 성장시킬 것을 강조하셨다.

4. 그 예술가는 절차탁마를 통해 매일 작품을 연습하며, 자신의 예술적 기량을 갈고닦아갔다.

5. 팀 리더는 절차탁마의 과정을 통해 리더십 기술을 향상시키고, 팀원들과의 소통 능력을 개선해 나갔다.

어려운 환경 속에서도
배우고자 하는 마음이 변치 말아야 할 때

螢雪之功

형설지공

　형설지공(螢雪之功)은 반딧불과 눈빛으로 공부하여 이룬 공이라는 뜻으로, 매우 어려운 환경 속에서도 꾸준히 공부하여 학문을 연마하는 사람의 수고와 인내를 표현할 때 사용하는 말입니다. 형설지공의 유래는 집안이 가난하여 등불을 살 형편이 못 되는 한 학자가 반딧불의 빛이나 눈에 반사된 눈빛을 이용하여 밤새도록 책을 읽으며 학문에 정진했다는 이야기에서 유래하였습니다. 그만큼 형설지공은 현대 사회를 살아가는 우리에게도 어떤 어려운 환경이나 불리한 조건에서도 끊임없는 배움과 목표를 향한 열정과 헌신이 필요하며, 인내와 끈기를 가지고 치열한 경쟁 사회에서 자기 성장을 위해 끊임없이 노력해야 한다는 메시지를 전하는 귀중하고 가치 있는 지혜의 말임을 마음에 새겨야 할 것입니다.

〖　**한자를 알면 뜻이 보인다**　〗

螢雪之功 : 반딧불[螢]과 눈[雪]빛으로[之] 세운 공[功]
고생 속에서도 꾸준히 공부하여 얻은 보람.

한자 속 어휘의 발견

螢 : 반딧불이 형, 16획 — 부수: 虫

벌레 훼(虫)와 등불 형(熒)이 합하여 이루어진 모습으로, 밝게 빛을 내는 곤충인 반딧불이를 의미한다.

형광체(螢光體) : 반딧불이 형(螢), 빛 광(光), 몸 체(體)로, 형광을 내는 물질.
(예문) 백색 엘이디는 흔히 청색 엘이디에 형광체를 바르는 방식으로 만들어진다.

雪 : 눈 설, 11획 — 부수: 雨

비 우(雨)와 비 혜(彗)가 합하여 이루어진 모습이다. 손에 빗자루를 쥐고 있는 모습을 그린 것이었으나, 후에 하늘에서 내리는 눈을 의미하여 '눈'이나 '흰색', '고결하다'라는 뜻을 가진 글자로 쓰이게 되었다.

설원(雪原) : 눈 설(雪)과 언덕 원(原)으로, 눈이 녹지 않고 늘 쌓여 있는 지역.
(예문) 꿈에 본 고향은 온통 흰 설원이었다.

之 : 갈 지, 4획 — 부수: 之

사람의 발을 그린 것으로, '가다'나 '~의', '~에'와 같은 뜻으로 쓰이는 글자이다.

기왕지사(既往之事) : 이미 지나간 과거의 일.
(예문) 기왕지사 이렇게 되었으니 할 수 있는 데까지 해 보자.

功 : 공 공, 5획 — 부수: 力

장인 공(工)과 힘 력(力)이 합하여 이루어진 모습으로, 힘써 일한 결과인 '공로'나 '업적', '사업'이라는 뜻을 가진 글자다.

공리적(功利的) : 공 공(功), 이로울 리(利), 과녁 적(的)으로, 어떤 일을 할 때 실제적인 이익이나 효과를 주로 생각함.
(예문) 인간 사회는 공리적 타산만으로 이루어지는 것은 아니다.

〚　　키워드로 보는 사자성어, #공 공, 공로 공(功)　　〛

논공행상(論功行賞) : 공의 있고 없음을 따져 알맞은 상을 줌.
(예문) 이번 선거에서 승리했으니 논공행상이 행해진 후 적절한 중책이 맡겨질 것이다.

부귀공명(富貴功名) : 재물이 많고 지위가 높으며 공을 세워 이름을 떨침.
(예문) 그는 부귀공명을 누렸으나 자식이 없어 근심이었다.

연공서열(年功序列) : 근속 연수나 나이가 많아짐에 따라 지위가 올라가는 일.
(예문) 그 기업은 종전 연공서열 위주의 인사 관행을 과감하게 바꾸었다.

〚　　형설지공, 이럴 때 이렇게　　〛

1. 그 학생은 형설지공의 정신으로 매일 밤늦게까지 공부하며, 어려운 환경에서도 포기하지 않고 노력한 끝에 우수한 성적을 거두었다.

2. 그 연구자는 형설지공의 자세로 어려운 조건에서도 연구를 계속하며, 결국 중요한 발견을 해내어 학계에 큰 기여를 했다.

3. 그 예술가는 형설지공의 정신으로 매일같이 훈련하며, 열악한 환경 속에서도 꾸준히 연습한 결과 훌륭한 작품을 만들어냈다.

4. 사업가는 형설지공의 원칙을 따르며, 초기의 어려움과 실패를 극복하고 꾸준히 노력한 끝에 성공적인 사업을 일구어냈다.

5. 체육 선수는 형설지공을 실천하며, 혹독한 훈련과 어려운 상황 속에서도 포기하지 않고 지속적으로 노력하여 뛰어난 성과를 올렸다.

상대방의 지적 수준이나 능력이 매우 향상되었음을 표현할 때

刮目相對

괄목상대

   괄목상대(刮目相對)는 눈을 비비며 상대를 보다는 뜻으로, 상대방의 학식이나 능력이 눈에 띄게 발전하거나 향상되었을 때 표현하는 말입니다. 즉 이전에 비해 상대방의 능력이나 성과가 크게 발전했음을 인식하고 그 변화를 실감할 때 사용되는 표현입니다. 괄목상대는 삼국지에 나오는 여몽과 노숙의 일화에서 유래했습니다. 노숙은 예전에 무식하다고 여겼던 여몽이 짧은 시간 안에 학문을 깊이 익히고 훌륭한 인물로 변모한 것을 보고 놀라워하며, 눈을 비비고 다시 봐야 한다고 말한 데서 유래되었습니다. 사람은 언제든지 변화할 수 있으므로, 편견을 가지고 상대방을 평가해서는 안 됩니다. 누구에게나 무한한 가능성이 있다는 것을 기억하고, 항상 배우고 성장하는 자세를 가져야 한다는 괄목상대의 가르침을 명심해야 할 것입니다.

〚 **한자를 알면 뜻이 보인다** 〛

刮目相對 : 눈[目]을 비비고[刮] 서로[相] 마주[對]함
상대방의 학식이나 재주가 놀랄 만큼 향상됨.

한자 속 어휘의 발견

刮 : 긁을 괄, 8획 — 부수: 刂

칼을 뜻하는 선칼도방 도(刂)과 혀 설(舌)이 합하여 이루어진 모습으로, '긁다', '깎아내다'라는 뜻을 가진 글자이다.

귀배괄모(龜背刮毛) : 거북의 등에 있는 털을 깎는다는 뜻으로, 불가능한 일을 무리하게 하려고 함.
(예문) 그 회사가 어려워진 원인은 귀배괄모라고 말할 수 있다.

目 : 눈 목, 5획 — 부수: 目

사람의 눈 모양을 본뜬 글자로 '눈'이나 '시력', '안목'이라는 뜻을 가진 글자이다.

주목(注目) : 물댈 주(注)와 눈 목(目)으로, 관심을 가지고 주의하여 보거나 살핌. 또는 그 시선.
(예문) 그는 이번 사건의 용의자로 주목을 받아 왔다.

相 : 서로 상, 9획 — 부수: 目

나무 목(木)과 눈 목(目)이 합하여 이루어진 모습으로, '서로'라는 뜻을 가진 글자이다. 나무에 올라가서 눈으로 먼 곳을 본다는 의미에서 '보다'는 뜻이 생성되었으며, 후에 함께 본다는 것에서 '서로'라는 뜻을 가지게 되었다.

양상(樣相) : 모양 양(樣)과 서로 상(相)으로, 변전하는 가운데 어떤 시점에서 드러나는 일의 모양이나 상태.
(예문) 새로운 증거의 발견으로 재판의 양상이 달라졌다.

對 : 대할 대, 14획 — 부수: 寸

풀 무성할 착(丵)과 마디 촌(寸)이 합하여 이루어진 모습으로, '대하다'나 '마주하다'라는 뜻을 가진 글자이다.

대조(對照) : 마주할 대(對)와 비출 조(照)로, 둘 이상의 사물의 내용을 서로 맞대어 검토함.
(예문) 이 번역본이 정확한가를 알아보기 위해서는 원본과의 대조가 필요하다.

〚　　키워드로 보는 사자성어, #대할 대(對)　　〛

반대급부(反對給付) : 어떤 일에 대응하는 이익.
(예문) 그 정도로 성의를 보였으면 그의 노력에 대한 반대급부도 있어야 하지 않겠는가?

대인관계(對人關係) : 사람을 대하고 사귀고 하는 일.
(예문) 나는 내성적이라 대인관계에서 종종 어려움을 겪는다.

좌우대칭(左右對稱) : 생물체를 둘로 나누었을 때, 그 왼쪽과 오른쪽이 서로 똑같은 모양.
(예문) 인간의 신체는 좌우가 대칭을 이룬다.

〚　　괄목상대, 이럴 때 이렇게　　〛

1. 그 학생은 괄목상대의 성장을 보여주었다. 초기에는 학업 성적이 낮았지만, 몇 년 후에는 상위권 학생으로 변모해 많은 이들을 놀라게 했다.

2. 신입 사원이 입사 초기에는 별로 눈에 띠지 않았지만, 몇 년 후 괄목상대의 성과를 내며 중요한 프로젝트를 성공적으로 이끌었다.

3. 그 운동선수는 괄목상대의 발전을 이뤘다. 이전에는 평균적인 성적을 기록했지만, 최근에는 세계 기록을 세우며 모든 이들을 놀라게 했다.

4. 기말고사의 성적이 중간고사 때 보다 괄목상대하게 향상되어 어머니께 큰 칭찬을 받았다.

5. 그 기업은 괄목상대의 성과를 이뤄냈다. 시작 당시에는 작은 스타트업에 불과했지만, 지금은 글로벌 시장에서 인정받는 대기업으로 성장했다.

낮에는 땀 흘리고, 밤에는 지식을 쌓아라.
노력과 학습이 성공을 만든다

晝耕夜讀

주경야독

주경야독(晝耕夜讀)은 낮에는 밭을 갈고 밤에는 책을 읽는다는 뜻으로, 어려운 환경에서도 학문을 게을리하지 않고 부지런히 노력하는 자세를 표현할 때 사용되는 말입니다. 주경야독은 가난한 환경 속에서도 낮에는 농사를 짓고 밤에는 학문을 갈고, 닦았던 성실한 학자의 모습에서 유래하였습니다. 이는 낮에는 생업에 종사하고 밤에는 공부한다는 의미로, 근면과 성실, 끈기와 인내, 자기 계발의 중요성을 강조하며, 제한된 시간을 효과적으로 활용하는 방법을 보여주는 표현이라 할 수 있습니다. 현대 사회에서 바쁘게 살아가는 우리에게도 주경야독은 많은 의미를 시사하고 있습니다. 끊임없이 자기 성장을 위해 배우고 노력하는 열정과 시간을 효율적으로 활용하여 자신의 꿈을 이루어나가는 희망의 메시지이기도 합니다.

〚 **한자를 알면 뜻이 보인다** 〛

晝耕夜讀 : 낮[晝]에는 밭을[耕] 갈고 밤[夜]에는 책을 읽다[讀]
바쁘고 어려운 중에도 꿋꿋이 공부함을 이르는 말.

한자 속 어휘의 발견

晝 : 낮 주, 11획 — 부수: 日

해 일(日)과 한 일(一), 붓 율(聿)이 합하여 이루어진 모습으로, '대낮'이나 '정오'라는 뜻을 가진 글자이다. 聿은 손에 붓을 쥐고 있는 모습을 그린 것으로, 日이 결합된 晝는 글공부하기 좋은 시간대라는 의미에서 '대낮'이나 '정오'를 뜻한다.

주표(晝標) : 낮 주(晝)와 표할 표(標)로, 낮 동안에 뱃길이나 비행기 길의 위험을 나타내는 표지.
(예문) 저기 보이는 주표 근처에는 커다란 암초가 있다고 한다.

耕 : 밭 갈 경, 10획 — 부수: 耒

가래 뢰(耒)와 우물 정(井)이 합하여 이루어진 모습으로, '밭을 갈다'나 '농사짓다'라는 뜻을 가진 글자이다. 밭을 가는 '쟁기'와 농업용수의 상징인 '우물'을 합해 '농사 짓는다'는 의미가 생성되었다.

경작(耕作) : 밭 갈 경(耕)과 지을 작(作)으로, 곡식이나 채소 따위를 심어 가꾸다.
(예문) 정부는 농산물 가격의 폭락을 막기 위해 일부 농작물의 경작을 제한하였다.

夜 : 밤 야, 8획 — 부수: 夕

저녁 석(夕)과 또 역(亦)이 합하여 이루어진 모습으로, '밤'이나 '저녁 무렵', '한밤중'이라는 뜻을 가진 글자이다. 亦은 사람의 겨드랑이에 점을 찍어놓은 모습을 그린 것으로, 夕을 더해 어두움을 표현한 것이다.

야음(夜陰) : 밤 야(夜)와 응달 음(陰)으로, 밤의 어두운 때.
(예문) 그들은 야음을 이용해 두만강을 건너기 시작했다.

讀 : 읽을 독, 22획 — 부수: 言

말씀 언(言)과 팔 매(賣)가 합하여 이루어진 모습으로, '읽다'나 '이해하다'라는 뜻을 가지게 되었다.

해독(解讀) : 풀 해(解)와 읽을 독(讀)으로, 뜻을 풀어서 읽다.
(예문) 그 학자는 암호 문자 해독에 성공하였다.

〚　　키워드로 보는 사자성어, #낮과 밤(晝夜)　　〛

불철주야(不撤晝夜) : 어떤 일을 함에 있어 밤낮을 가리지 않음.
(예문) 그는 가수 데뷔의 화려한 첫출발을 위해 현재 불철주야로 노력하고 있다.

주야장천(晝夜長川) : 밤낮으로 쉬지 않고 계속하여.
(예문) 부모님들은 주야장천 자식 걱정뿐이다.

주사야몽(晝思夜夢) : 낮에 생각했던 것이 밤에 꿈으로 나타남.
(예문) 적을 칠 궁리로 노심초사하다 보니 주사야몽까지 하게 되었다.

〚　　주경야독, 이럴 때 이렇게　　〛

1. 그 학생은 주경야독의 자세로 낮에는 알바를 하고, 밤에는 열심히 공부하며 장학금을 받기 위해 꾸준히 노력했다.

2. 그 직장인은 주경야독의 정신으로 직장 업무와 학업을 병행하며, 자격증을 취득하고 경력을 쌓아 승진의 기회를 얻었다.

3. 창업자는 주경야독으로 낮에는 사업을 운영하고, 밤에는 비즈니스 관련 서적과 자료를 연구하여 회사를 성공적으로 성장시켰다.

4. 그 부모는 주경야독의 자세로 낮에는 자녀를 돌보고, 밤에는 학위 공부를 하며 자신의 꿈을 이루기 위해 힘썼다.

5. 선생님께서는 학생들에게 주경야독의 중요성을 강조하시며 끈기와 인내를 가르쳐 주셨다.

배움을 중도에 포기하고 싶은
유혹에 빠져들 때

斷機之戒

단기지계

단기지계(斷機之戒)는 짜던 베틀의 실이 끊어짐을 경계한다는 뜻으로, 학문을 중도에 포기하는 것을 경계하는 의미로 표현할 때 사용하는 말입니다. 단기지계는 맹자의 어머니가 아들이 학문을 중도에 그만두고 돌아오자, 베를 짜던 베틀의 실을 끊어버리며 학문을 중도에 그만두는 것은 베를 짜다 말고 실을 끊는 것과 같아, 아무 쓸모가 없다고 훈계했다는 이야기에서 유래된 말입니다. 단기지계는 우리에게 배움에 있어서 끈기와 인내, 노력을 끝까지 지속해야 함을 가르쳐 주고 있습니다. 특히 학문이나 장기적인 목표를 추구할 때 중도에 포기하지 않고 끝까지 완수하는 자세가 중요하다는 것을 상기시켜 주고 있으며, 어려움 속에서도 꾸준히 노력하여 끝까지 해내는 것이 진정한 성취와 가치를 얻는 길임을 명심해야 할 것입니다.

〚 **한자를 알면 뜻이 보인다** 〛

斷機之戒 : 짜던 베틀의[機][之] 실이 끊어[斷]짐을 경계[戒]함
학문을 중도에서 그만두면 아무 쓸모 없음을 경계한 말.

한자 속 어휘의 발견

斷 : 끊을 단, 18획 — 부수: 斤

이을 계(㡭)와 도끼 근(斤)이 합하여 이루어진 모습이다. 도끼로 실타래를 자르는 의미에서 '끊다'나 '결단하다'라는 뜻을 가진 글자이다.

단연(斷然): 끊을 단(斷)과 그러할 연(然)으로, 두말할 것도 없이 분명하게.
(예문) 탈모인들에게는 모발이식이 단연 최상의 선택지다.

機 : 틀 기, 16획 — 부수: 木

나무 목(木)과 몇 기(幾)가 합해진 모습으로 '기계'나 '베틀', '기회'라는 뜻을 가진 글자이다. 본래 옷감을 짜는 '베틀'의 의미를 지닌 글자였으나, '기회', '때'의 의미로도 사용되고 있다.

기밀(機密): 베틀 기(機)와 빽빽할 밀(密)로, 아주 중요한 비밀.
(예문) 기밀문서를 다룰 때는 특별히 보안에 유의해 주십시오.

之 : 갈 지, 4획 — 부수: 丿

사람의 발을 그린 것으로, '가다'나 '~의', '~에'와 같은 뜻으로 쓰이는 글자이다.

오합지졸(烏合之卒): 임시로 모여들어서 규율이 없고 무질서한 병졸 또는 군중.
(예문) 그들은 군사적으로 오합지졸에 불과하여 잘 훈련된 정부군에 지고 말았다.

戒 : 경계할 계, 7획 — 부수: 戈

창 과(戈)와 두손 받들 공(廾)이 합하여 이루어진 모습으로. 창을 들고 주위를 경계한다는 의미에서 '경계하다'나 '경비하다'라는 뜻을 가진 글자가 되었다.

감계(鑑戒): 거울 감(鑑)과 경계할 계(戒)로, 거울삼아 다시는 그런 잘못을 저지르지 않도록 경계하다.
(예문) 다른 공직자들의 감계를 위해 이번 공무원 비리 사건에 대한 철저한 진상 조사와 그에 따른 처벌이 요구된다.

〖　　키워드로 보는 사자성어, #끊을 단, 결단할 단(斷)　　〗

분단국가(分斷國家) : 하나의 국가가 전쟁이나 외국의 지배 등의 이유로 둘 이상으로 갈라짐
　　(예문) 유독 한반도만이 아직도 분단국가로 남아 있다.

횡단보도(橫斷步道) : 사람이 찻길을 가로로 건너다닐 수 있도록
안전표지나 도로 표지로써 표시한 도로의 부분.
(예문) 어린이 여러분, 횡단보도를 건널 때는 반드시 좌우를 살피고 건너세요.

사생결단(死生決斷) : 죽고 사는 것을 돌보지 아니하고 끝장을 내려고 함.
　　(예문) 난 이번 일에 사생결단을 낼 각오를 하고 뛰어들었다.

〖　　단기지계, 이럴 때 이렇게　　〗

1. 그 학생은 단기지계의 교훈을 새기며, 중간에 포기하지 않고 꾸준히 공부하여
   결국 원하는 대학에 합격했다.

2. 어려운 시기에 목표를 포기하지 않고 도전을 이어가는 그의 모습에서 단기지계의
   교훈을 엿볼 수 있었다.

3. 스타트업 창업가들이 단기지계의 정신을 발휘해 어려움을 이겨내는 모습은,
   많은 사람에게 용기를 주었다.

4. 그 운동선수는 단기지계의 정신으로 훈련을 중단하지 않고, 지속적인 연습과
   자기 관리를 통해 세계적인 선수로 자리매김했다.

5. 학생들이 학기 중간에 학업을 포기하지 않도록 선생님은 단기지계의 교훈을
   이야기해 주었다.

배운 것을 실천하고 꾸준히 익히는 것이 진정한 지식의 완성이다

學而時習

학이시습

학이시습(學而時習)은 배우고 때때로 익힌다는 뜻으로, 학문을 배우는 것에 그치지 않고, 배운 것을 반복해서 익히고 실천하는 것이 중요함을 표현할 때 사용하는 말입니다. 학이시습은 논어의 첫 문장으로, "배우고 때때로 그것을 익히면, 또한 기쁘지 아니한가?"(學而時習之 不亦說乎) 문구로 공자가 남긴 가장 유명한 말 중 하나입니다. 공자는 제자들에게 단순히 지식을 얻는 것에서 그치지 않고, 배운 것을 꾸준히 연습하고 실천하는 것이 중요하며, 그로 인해 느끼는 기쁨이 크다는 것을, 가르치고 있습니다. 우리는 배운 학문을 생활 속에서 실천하고 적용하며, 이를 통해 성취감을 느끼고 학문의 깊이를 더해가는 기쁨을 경험할 수 있어야 합니다. 배움은 끝이 없으며, 끊임없이 배우고 익히는 과정에서 자기를 개발하고 성장할 수 있는 기회임을 마음에 다지기를 바랍니다.

〖 **한자를 알면 뜻이 보인다** 〗

學而時習 : 배우고[學] 때때로[時][而] 익힌다[習]
배운 것을 항상 복습하고 연습하면 그 참뜻을 알게 됨.

한자 속 어휘의 발견

學 : 배울 학, 16획 — 부수: 子

절구 구(臼)와 집 면(宀), 효 효(爻), 아들 자(子)가 합하여 이루어진 모습으로, '배우다'나 '공부하다'라는 뜻을 가진 글자이다. 양손으로 아이가 본받는다(爻)는 의미에서 가르침을 받아 무지에서 벗어난다는 의미로 생성되었다.

미학(美學) : 아름다울 미(美)와 배울 학(學)으로, 자연, 인생이나 예술 작품이 가진 아름다움의 본질이나 형태를 연구하는 학문.
(예문) 나는 동양화의 미학에 대해 알고 싶다.

而 : 말 이을 이, 6획 — 부수: 而

본래 얼굴의 '구레나룻' 수염의 모양인데, 문장의 어조사인 '접속'의 의미로 사용되며, '말을 잇다'나 '자네', '~로서'와 같은 뜻으로 쓰이는 글자이다.

청이불문(聽而不聞) : 듣고도 못 들은 체함.
(예문) 동네 사람들이 남편에 대해 이러쿵저러쿵 말이 많아도 그녀는 청이불문하였다.

時 : 때 시, 10획 — 부수: 日

해 일(日)과 절 사(寺)가 합하여 이루어진 모습으로, '때'나 '기한'이라는 뜻을 가진 글자이다. 갑골문에서는 日과 止가 결합해 '시간이 흘러간다'라는 뜻을 표현했지만, 후에 寺(사)가 발음 역할을 하게 되면서 지금의 時(시)가 만들어지게 되었다.

시일(時日) : 때 시(時)와 날 일(日)로, 어떤 일을 마치기까지의 기간이나 기한.
(예문) 국회는 이 문제에 대한 입법 조치는 빠른 시일 안에 마련해야 한다.

習 : 익힐 습, 11획 — 부수: 羽

깃 우(羽)와 흰 백(白)이 합하여 이루어진 모습으로, 원래는 흰 백(白)이 아니라 일백 백(百)이었다는 설이 있다. 새끼 새가 100번(아주 많이)은 날갯짓을 해야 나는 법을 익힌다는 의미에서 '익히다'나 '배우다'라는 뜻을 가지게 되었다.

상습(常習) : 항상 상(常)과 익힐 습(習)으로, 그 행위를 늘 반복하여 행함.
(예문) 상습적인 음주 운전자들에게는 무거운 형벌을 내려야 한다.

〖　　키워드로 보는 사자성어, #익힐 습(習)　　〗

　　수습사원(修習社員) : 회사의 실무를 배우고 익히는 과정에 있는 사원.
　　　예문 대학 졸업 예정자들을 수습사원으로 채용하다.

　현장학습(現場學習) : 학습에 필요한 자료가 있는 장소로 직접 찾아가서 하는 학습.
　　　예문 우리 학교 사회과에서는 매해 가을 현장 학습을 실시하고 있다.

예행연습(豫行演習) : 어떤 행사를 갖기에 앞서, 그와 똑같은 순서로 미리 해 보는 종합적인 연습.
　　　예문 우리는 졸업식의 순서를 익힐 수 있도록 예행연습을 하기로 하였다.

〖　　학이시습, 이럴 때 이렇게　　〗

1. 그 학생은 학이시습의 원칙을 실천하여, 수업에서 배운 내용을 반복적으로 복습하고 적용하며 이해도를 깊게 했다

2. 교장 선생님은 학이시습의 정신을 기억하고, 배운 것을 꾸준히 복습하고 익히며 최고의 성적을 올리기를 학생들에 강조하셨다.

3. 천재들의 비결은 바로 학이시습을 따르는 것으로, 끊임없이 도전하며 경험을 쌓음으로써 자신만의 독창성을 발전시키는 것이다.

4. 그는 학이시습의 정신으로 독서와 학습을 꾸준히 이어가며, 새로 배운 지식을 자신의 삶에 실천하여 개인적 성장을 이루었다.

5. 사람마다 재능의 차이는 있지만, 누구나 학이시습하면, 일정 수준의 경지에 도달할 수는 있다.

아홉째 마당

정치

정치란 우리가 추구하는 이상을
현실로 만드는 과정이다

정치는 우리의 이상이라는 무형의 조각상을
현실이라는 물질로 조각해 나가는 연금술입니다.
꿈과 희망이라는 원석을 손끝으로 다듬어
현실의 구체적 형태로 완성하는 과정에서 정치는
그 조각이 빛을 발하도록 세심하게 빚어가는 예술과 같습니다.

불공정한 세금은 국민의 고통을 키우고
사회의 불안정을 초래한다

苛斂誅求

가렴주구

가렴주구(苛斂誅求)는 혹독하게 거두고 목을 베서라도 빼앗아 들인다는 뜻으로, 가혹하게 세금을 거두거나 백성의 재물을 억지로 빼앗는 행위를 표현할 때 사용하는 말입니다. 이 말은 주로 권력자나 지배층이 백성들에게 가혹한 세금과 착취를 강요하는 상황을 비판할 때 사용하는 말입니다. 조선 시대에는 높은 세금을 부과하거나 농민들에게 불합리한 공납을 요구하는 사례들이 있었습니다. 이러한 정책들은 결국 민심을 잃게 만들고 반란을 초래하게 되었습니다. 민심을 잃으면 그 어떤 권력도 유지될 수 없습니다. 프랑스 혁명 당시, 루이 16세의 정부가 지나치게 세금을 부과하고 국민을 억압했을 때, 결국 혁명으로 이어져 왕정이 무너지는 결과를 가져왔습니다. 이처럼 가렴주구는 역사적으로나 현재 우리 사회의 정부나 기업인들에게도 부당한 착취와 그로 인한 사회적 불안정을 경고하는 말임을 명심해야 할 것입니다.

〖　　　한자를 알면 뜻이 보인다　　　〗

苛斂誅求 : 혹독하게[苛] 거두고[斂] 목을 베서라도[誅] 빼앗아 들임[求]
세금을 가혹하게 억지로 거두어들여 백성의 재물을 무리하게 빼앗는 일.

한자 속 어휘의 발견

苛 : 가혹할 가, 8획 — 부수: ⺾

풀을 뜻하는 초두머리 초(⺾)와 옳을 가(可)가 합하여 이루어진 모습으로, 작은 풀이 '맵다'가 확대되어 '가혹하다', '모질다'라는 뜻을 가진 글자가 되었다.

가책(苛責) : 가혹할 가(苛)와 꾸짖을 책(責)으로, 다른 사람의 잘못을 매우 심하게 꾸짖음.
(예문) 이번 거래를 성사시키지 못해서 상사에게 가책을 당했다.

斂 : 거둘 렴(염), 17획 — 부수: 攵

칠 복(攵)과 다 첨(僉)이 합하여 이루어진 모습으로, 부과하여 거두어들인다는 의미에서 '거두다', '모으다'라는 뜻을 가진 글자가 되었다.

수렴(收斂) : 거둘 수(收)와 거둘 렴(斂)으로, 여럿으로 흩어져 있는 의견이나 사상 따위를 모아 하나로 정리하거나 받아들임.
(예문) 그녀는 늘 주변의 선배나 동료의 의견 수렴에 적극적이다.

誅 : 벨 주, 13획 — 부수: 言

말씀 언(言)과 붉을 주(朱)가 합하여 이루어진 모습으로, 죄인 앞에 붉은 글씨로 죄명을 적어두고 참수하는 것에서 '베다', '치다'라는 뜻을 가진 글자가 되었다.

주살(誅殺) : 벨 주(誅)와 죽일 살(殺)로, 죄를 물어 죄인을 죽임.
(예문) 왕은 반역을 도모한 무리들을 모조리 주살했다.

求 : 구할 구, 7획 — 부수: 氺

물 수(氺)와 一(한 일), 점 주(丶)가 합하여 이루어진 모습으로, '구하다', '탐하다'라는 뜻을 가진 글자이다. 가죽으로 만든 털옷을 형상화한 것으로, 추운 겨울을 이겨낼 수 있는 털옷은 쉽게 구할 수 없는 귀한 것이기에 '구하다'라는 뜻을 갖게 되었다.

구심력(求心力) : 구할 구(求)와 마음 심(心)과 힘 력(力)으로, 어떤 단체 따위를 한덩어리로 뭉치게 하는 힘.
(예문) 지도자가 신뢰를 잃으면, 사회의 구심력이 사라지게 된다.

〚　키워드로 보는 사자성어 / 한자 어휘, #가혹하다 (苛)　〛

가혹행위(苛酷行爲) : 심한 수치심이나 모욕감, 고통 따위를 주는 모질고 악한 행위.
　예문　군인 사이의 가혹행위는 근절되어야 한다.

가열성(苛烈性) : 어떤 일이나 정도가 가혹하고 격렬한 성질.
　예문　그의 평론에는 엄격한 가열성과 문학에 대한 애정이 함께 묻어난다.

가평(苛評) : 가혹하게 비평함. 또는 그 글.
　예문　밤새 쓴 보고서에 대해 가평을 듣고 속상했어.

〚　가렴주구, 이럴 때 이렇게　〛

1. 새로운 정부가 시행한 세금 정책은 가렴주구의 전형으로, 시민들이 느끼는 부담이 너무 크다. 정부는 이러한 비판을 심각하게 받아들여야 한다.

2. 조선시대의 일부 관리들은 가렴주구를 일삼아 백성들의 불만을 샀고, 그로 인해 사회적 갈등이 심화되었다.

3. 기업이 자원의 과도한 착취로 인해 지역 사회에 가렴주구를 행하는 경우, 장기적으로는 지역 경제에 악영향을 미치게 된다.

4. 오늘날 일부 대기업이 가렴주구와 같은 방식을 통해 직원들에게 과도한 요구를 하면서 사회적 반발을 일으키고 있다.

5. 최근 정부의 과도한 세금 징수로 많은 중소기업들이 운영에 어려움을 겪고 있다.

타인의 힘으로 자신을 과시하는 자는
결국 그 허상이 드러날 것이다

狐假虎威

호가호위

호가호위(狐假虎威)는 여우가 호랑이의 위세를 빌려 호기를 부린다는 뜻으로, 자신에게는 권력이 없지만, 남의 권세를 빌려 위협하거나 이득을 취하는 상황을 비판할 때 표현하는 말입니다. 호가호위의 유래는 여우가 호랑이와 함께 돌아다니면서 다른 동물들이 호랑이를 두려워하며 피하는 것을 보고, 마치 자신이 무서운 존재인 것처럼 위세를 부렸습니다. 사실 동물들이 두려워한 것은 여우가 아닌 호랑이였지만, 여우는 호랑이의 권세를 이용해 자기의 능력인 것처럼, 행동한 것입니다. 이처럼 현대 사회에서도 권력이나 부를 가진 사람의 힘을 이용하여 자신의 이익을 추구하거나 목적을 달성하려는 사람들을 볼 수 있습니다. 타인의 권력을 이용해 이득을 취하려는 행동은 언제든지 그 권력이 사라질 때 큰 위험에 처할 수 있으며 신뢰를 잃게 됨을 명심하고, 진정한 존경과 신뢰는 자신의 실력과 성품에서 나온다는 진리를 깨닫기 바랍니다.

[**한자를 알면 뜻이 보인다**]

狐假虎威 : 여우[狐]가 호랑이[虎]의 위세[威]를 빌려[假] 호기를 부린다
남의 권세에 의지하여 위세를 부림.

한자 속 어휘의 발견

狐 : 여우 호, 8획 — 부수: 犭

개사슴록변 견(犭)과 오이 과(瓜)가 합하여 이루어진 모습으로, '여우'를 뜻하는 글자이다. 犭가 들어간 한자는 대부분 개나 짐승을 의미하는 경우가 많은데, 여우는 개와 비교하여 주둥이가 오이처럼 길게 생겼으므로 여우라는 뜻을 가지게 되었다.

호의(狐疑) : 여우 호(狐)와 의심할 의(疑)로, 매사에 깊이 의심함을 이르는 말.
(예문) 그는 호의가 많고 시기가 많은 사람이다.

假 : 거짓 가, 11획 — 부수: 亻

사람 인(人)과 빌 가(叚)가 합하여 이루어진 모습으로, 사람에게 빌린 것이기에 '거짓'이나 '가짜'라는 뜻을 가진 글자가 되었다.

가상(假想) : 거짓 가(假)와 생각 상(想)으로, 존재하지 않는 것을 사실이거나 실제로 있는 것처럼 가정하여 생각함.
(예문) 군사 훈련에서는 가상의 적에 대한 공격과 방어를 한다.

虎 : 범 호, 8획 — 부수: 虍

호피 무늬 호(虍)와 어진 사람 인(儿)이 합하여 이루어진 모습이다. 호랑이의 모양을 본뜬 것으로, '호랑이'나 '용맹스럽다'라는 뜻을 가진 글자이다.

호피(虎皮) : 범 호(虎)와 가죽 피(皮)로, 호랑이의 가죽.
(예문) 산장에 들어서니 호피가 덮여 있는 긴 의자가 나의 눈에 들어왔다.

威 : 위엄 위, 9획 — 부수: 女

여자 여(女)와 개 술(戌)이 합하여 이루어진 모습으로, 창(戌)으로 여자를 위협하는 모양에서 '위엄'이나 '권위', '두려움'이라는 뜻을 가진 글자이다.

위엄(威嚴) : 위엄 위(威)와 엄할 엄(嚴)으로, 위세가 있어 의젓하고 엄숙한 태도나 기세.
(예문) 김유신은 그 누구보다 위엄이 있는 대장군이었다.

〚　　키워드로 보는 사자성어 / 한자 어휘, #위엄, 권세(威)　　〛

권위주의(權威主義) : 기존의 권위에 기대어 사람을 대하거나
사태를 바라보는 사고방식이나 행동 양식.
[예문] 우리 자신도 모르게 어느덧 권위주의적이고 획일적인 통제 체제에 길들여져 있는 것이다.

위풍당당(威風堂堂) : 풍채나 기세가 위엄이 있고, 씩씩함.
[예문] 그 정치인은 위풍당당한 모습으로 청중을 향해 연설을 시작했다.

위력(威力) : 상대를 압도할 만큼 강력함. 또는 그런 힘
[예문] 자연재해의 위력 앞에서는 인간의 힘이 얼마나 보잘것없는지 깨닫게 된다.

〚　　호가호위, 이럴 때 이렇게　　〛

1. 그 팀장은 상사의 권력을 호가호위하며 직원들에게 강압적으로 대했지만, 결국 직원들의 반발을 샀다.

2. 그 정치인은 유명한 정치인의 지지를 호가호위하며 자신의 영향력을 과시했지만, 실제로는 자신의 실력 부족이 드러났다.

3. 그가 유명 연예인의 친구라는 사실을 호가호위하여 자신의 지위를 높이려 했지만, 결국 그의 진정한 인망은 부족함이 드러났다.

4. 그 학생이 인기 있는 선배의 이름을 호가호위하며 자신을 부각시키려 했지만, 실력 없는 모습이 금세 드러났다.

5. 그가 사회적 인물의 이름을 호가호위하며 자신의 의견을 강조했지만, 결국 그 주장의 진정성 문제로 신뢰를 잃었다.

권력을 이용한 왜곡된 진실은
결국 드러나기 마련이다

指鹿爲馬

지록위마

지록위마(指鹿爲馬)는 사슴을 가리켜 말이라고 한다는 뜻으로, 사실을 왜곡하거나 진실을 속여서 사람들을 혼란스럽게 하는 상황을 표현할 때 사용하는 말입니다. 주로 권력을 가진 사람이 거짓된 것을 진실로 주장하거나 사실을 조작하는 경우 사용합니다. 우리가 살아가고 있는 현대 사회에서도 지록위마와 같은 현상은 다양한 형태로 나타나고 있습니다. 가짜 뉴스, 허위 정보, 정치적 선동 등이 대표적인 사례라 할 수 있습니다. 이러한 현상들은 사회를 분열시키고, 민주주의를 위협하며, 개인의 삶에도 부정적인 영향을 미칩니다. 우리는 권위를 가진 사람의 말이나 권력에 맹목적으로 따르기보다는 스스로 비판적 사고를 하고 사실을 확인하는 자세가 필요합니다. 사회적으로 건강한 비판은 진실을 지키는 데 중요한 역할을 합니다. 지록위마는 단순히 과거의 이야기가 아니라, 우리가 항상 경계해야 할 현실적인 문제임을 명심해야 합니다.

〖 **한자를 알면 뜻이 보인다** 〗

指鹿爲馬 : 사슴[鹿]을 가리켜[指] 말[馬]이라고 함[爲]
사실이 아닌 것을 사실로 만들어 강압으로 인정하게 됨.

한자 속 어휘의 발견

指 : 가리킬 지, 9획 ─────────────────────────────── 부수: 扌

손을 뜻하는 재방변 수(扌)와 맛볼 지(旨)가 합하여 이루어진 모습으로, 손가락으로 방향을 가리키고 지시를 내린다는 의미로 확대되어 '손가락'이나 '가리키다'라는 뜻을 가지게 되었다.

> 지탄(指彈) : 손가락 지(指)와 탄환 탄(彈)으로, 어떤 일이나 행동 따위를 잘못했다고 비난함.
> (예문) 이번 부정 선거는 국민의 지탄을 면하기 어려울 것이다.

鹿 : 사슴 록(녹), 11획 ─────────────────────────────── 부수: 鹿

사슴의 뿔, 머리, 네 발의 모양을 본뜬 모습으로, 뿔이 긴 수사슴을 그린 것이다. '사슴'이라는 뜻을 가진 글자이다.

> 록탕(鹿湯) : 사슴 록(鹿)과 넘어질 탕(湯)으로, 사슴뿔로 만든 약탕을 말함.
> (예문) 감기와 피로 회복을 위해 록탕을 꾸준히 복용한 결과 몸이 많이 좋아졌다.

爲 : 할 위, 12획 ─────────────────────────────── 부수: 爫

원숭이가 발톱을 쳐들고 할퀴려는 모습에서 '~을 하다'나 '~을 위하다'라는 뜻을 갖게 되었다.

> 영위(營爲) : 경영할 영(營)과 할 위(爲)로, 일을 계획하여 꾸려 나감.
> (예문) 그녀는 삶의 영위 방식이 남들과는 좀 다르다.

馬 : 말 마, 10획 ─────────────────────────────── 부수: 馬

'말'의 모양을 본뜬 모습으로, 말의 특징을 표현하기 위해 큰 눈과 갈기가 함께 그려져 있다.

> 기마(騎馬) : 말 탈 기(騎)와 말 마(馬)로, 말을 탐.
> (예문) 고구려 무용총의 벽화에는 기마를 한 무사들의 사냥하는 모습이 그려져 있다.

〖　　키워드로 보는 한자 어휘, #가리킬 지(指)　　〗

지침서(指針書) : 어떤 일의 방향이나 방법 따위를 인도해 주는 길잡이가 될 만한 글이나 책.
　　　　예문　그의 수필집은 독자에게 진정한 삶의 지침서가 될 것이다.

지명자(指名者) : 어떤 직책이나 직무 따위를 수행하도록 다른 사람을 지명하는 사람.
　예문　대통령은 물의를 빚고 있는 법무부 장관 지명자에 대한 지명 철회 요청을 수락하였다.

지남력(指南力) : 시간과 장소, 상황이나 환경 따위를 올바로 인식하는 능력.
　예문　지남력이 떨어지는 그 환자는 병원에 있으면서도 자신이 일터에 있다고 생각했다.

〖　　지록위마, 이럴 때 이렇게　　〗

1. 그 정치인은 사건의 진상을 지록위마처럼 왜곡하여 대중을 속이려 했지만, 진실이 드러나면서 그의 신뢰는 크게 손상되었다.

2. 경영진이 회사의 재무 상태를 지록위마처럼 왜곡하여 좋은 성과를 주장했지만, 결국 회계 감사에서 허위가 밝혀졌다.

3. 교수가 연구 결과를 지록위마처럼 왜곡하여 자신의 업적을 부풀렸지만, 다른 연구자들에 의해 진실이 밝혀졌다.

4. 그가 친구의 잘못된 행동을 지록위마처럼 과장하여 다른 사람들에게 비난받게 했지만, 친구의 무고가 곧 드러났다.

5. 언론이 사건의 전모를 지록위마처럼 왜곡 보도했지만, 진실을 아는 사람들의 증언으로 사실이 밝혀졌다.

혼란한 정치로 인해
더욱 어려워진 국민의 삶을 표현할 때

塗炭之苦

도탄지고

    도탄지고(塗炭之苦)는 진흙과 불 속의 고통이라는 뜻으로, 가혹한 정치로 극심한 고통과 고난을 겪고 있는 상황을 표현할 때 사용하는 말입니다. 도탄지고는 주로 백성들이 극심한 기근이나 전쟁, 또는 폭정으로 인해 물리적인 어려움뿐만 아니라, 사회적으로나 경제적으로 불 속에 빠져 허우적거리는 듯한 고통스러운 상황을 생생하게 표현한 것입니다. 개인이 겪는 경제적 어려움과 질병, 실업 등의 고통과 부패한 정치나 사회적 불평등으로 인해 국민이 겪는 고통은 도탄지고를 잘 설명해 주고 있습니다. 이런 문제들을 해결하기 위해서는 사회적 불평등을 해소하기 위한 공정한 정책을 시행하고, 소득 분배를 개선하여 모든 계층의 사람들이 평등하게 삶을 영위할 수 있도록 제도적으로 뒷받침되어야 합니다. 이러한 해결책들은 궁극적으로는 고통을 줄이고 더 나은 사회를 만드는 데 기여할 수 있습니다.

〚　　한자를 알면 뜻이 보인다　　〛

塗炭之苦 : 진흙[塗]과 불[炭] 속의[之] 고통[苦]
가혹한 정치로 말미암아 백성이 심한 고통을 겪는 것.

한자 속 어휘의 발견

塗 : 진흙 도, 13획 — 부수: 土

흙 토(土)와 칠할 도(涂)가 합하여 이루어진 모습으로, '진흙'이나 '길', '칠하다'라는 뜻을 가진 글자이다. 본래 강 이름을 뜻하기 위해 만든 글자였지만, 강 주변에 진흙이 많았는지 후에 '진흙'을 뜻하게 되었다.

> 호도(糊塗) : 풀칠할 호(糊)와 칠할 도(塗)로, 풀을 바른다는 뜻으로, 어떤 사실을 얼버무려 넘김으로써 속이거나 감춤을 이르는 말.
> (예문) 과거에는 뉴스가 시국 호도의 수단으로 이용되는 경우가 많았다.

炭 : 숯 탄, 9획 — 부수: 火

나무가 있는 산(山)과 기슭(厂), 그리고 불(火)을 결합해 숯이 처음 만들어졌던 장소를 표현한 모습으로, '숯'이나 '목탄', '석탄'이라는 뜻을 가진 글자이다.

> 탄부(炭夫) : 숯 탄(炭)과 지아비 부(夫)로, 탄광에서 석탄을 캐는 일을 직업으로 하는 사람.
> (예문) 교대 시간이 되자 탄부들이 갱 밖으로 쏟아져 나왔다.

之 : 갈 지, 4획 — 부수: 丿

'가다'나 '~의', '~에'와 같은 뜻으로 쓰이는 글자이며, 사람의 발을 그린 것이다.

> 오합지졸(烏合之卒) : 임시로 모여들어서 규율이 없고 무질서한 병졸 또는 군중.
> (예문) 그들은 군사적으로 오합지졸에 불과하여 잘 훈련된 정부군에 지고 말았다.

苦 : 괴로울 고, 8획 — 부수: 艹

풀 초(艹)와 옛 고(古)가 합하여 이루어진 모습으로, 약초의 쓴맛을 의미하는 '쓰다'의 뜻을 가진 글자이다. 후에는 '괴롭다'라는 의미까지 파생되었다.

> 인고(忍苦) : 참을 인(忍)과 쓸 고(苦)로, 괴로움을 참고 견디다.
> (예문) 형은 인고의 길을 묵묵히 잘 견뎌 왔다.

〚　키워드로 보는 한자 어휘, # 칠할 도(塗)　〛

도장(塗裝) : 물체의 표면에 색깔이나 보호를 위해 칠하는 작업.
[예문] 목재 가구를 보호하기 위해 도장 작업을 통해 방수와 내구성을 강화했다.

도기(塗基) : 기초를 다지기 위해 외부에 덮어 칠하는 작업.
[예문] 건축 작업에서 벽면의 도기 처리가 완료된 후, 실내 인테리어를 진행해야 한다.

도지(塗脂) : 기름이나 연고 등을 덧바른 것을 뜻함.
[예문] 화장 전에는 얼굴에 도지를 해 피부를 매끄럽게 만드는 것이 좋다.

〚　도탄지고, 이럴 때 이렇게　〛

1. 전쟁의 피해로 인해 국민들은 도탄지고의 고통을 겪으며, 매일매일 생존을 위해 싸워야 했다.

2. 경제 불황으로 인해 많은 가정이 도탄지고의 어려움에 직면했고, 생계유지가 어려운 상황에 놓였다.

3. 정부의 잘못된 경제 정책으로 인해 도탄지고의 삶을 사는 서민들이 늘어나고 있다.

4. 세계 각지에서 전쟁과 기근으로 도탄지고의 삶을 이어가는 사람들에게 도움의 손길을 보내주고 있다.

5. 사회적 불안과 갈등으로 인해 시민들은 도탄지고의 시련을 경험하며, 희망을 잃지 않으려 애쓰고 있다.

언론의 자유와 표현의 자유를
억압하는 정치를 표현할 때

焚書坑儒

분서갱유

    분서갱유(焚書坑儒)는 책을 불태우고 유생을 구덩이에 묻는다는 뜻으로, 학문과 사상의 자유를 억압하는 가혹한 정치 상황을 표현할 때 사용하는 말입니다. 분서갱유는 기원전 213년 진시황 황제가 유학의 근본 사상을 위협한다고 생각하여 유학 서적을 불태우고, 유학자들을 처형하거나 유배 보낸 두 사건을 묶어서 표현한 말입니다. 이는 지식과 학문이 사회와 개인의 발전에 필수적임에도 불구하고 권력을 유지하려는 시도가 어떻게 지식의 자유와 가치를 억압할 수 있는지를 보여주는 사건입니다. 현대 사회에서도 여전히 정보 통제, 언론 탄압, 특정 사상의 강요 등이 모두 분서갱유의 연장선에 이루어지고 있는 행위들입니다. 우리에게 분서갱유는 지식과 사상의 중요성과 다양성 존중, 권력 남용의 위험성, 자유로운 사고와 표현의 자유가 얼마나 중요한지를 일깨워주고 있는 가치 있는 말입니다.

〚 **한자를 알면 뜻이 보인다** 〛

焚書坑儒 : 책을[書] 불사르고[焚] 학자들을[儒] 산 채로 구덩이[坑]에 묻음.
      학문과 사상의 자유를 억압하는 가혹한 정치.

한자 속 어휘의 발견

焚 : 불사를 분, 12획 — 부수: 火

불 화(火)와 수풀 림(林)이 합하여 이루어진 모습으로, 숲에 불을 놓아 태운다는 의미에서 '불사르다', '불태우다', '타다'라는 뜻을 가졌다.

분탕(焚蕩) : 불사를 분(焚)과 쓸어없앨 탕(蕩)으로, 몹시 부산하고 야단스럽게 굴거나 소동을 일으킴.
(예문) 아이들이 분탕을 쳤다.

書 : 글 서, 10획 — 부수: 曰

붓 율(聿)과 가로 왈(曰)이 합하여 이루어진 모습으로, '글'이나 '글씨', '글자'라는 뜻을 가진 글자이다.

서신(書信) : 글 서(書)와 믿을 신(信)으로, 안부나 소식, 볼일 따위를 적어 다른 사람에게 보내는 글.
(예문) 서신은 교도관의 검열을 거친 후 수형자에게 교부된다.

坑 : 구덩이 갱, 7획 — 부수: 土

흙 토(土)와 높을 항(亢)이 합하여 이루어진 모습으로, '구덩이', '갱도', '(구덩이에) 묻다'라는 뜻을 가진 글자이다.

갱도(坑道) : 구덩이 갱(坑)과 길 도(道)로, 건축 공사장에서 공사의 편의를 위하여 땅속에 뚫어 놓은 길.
(예문) 지하철 건설 현장에서 지금은 갱도 구축 작업을 하고 있다.

儒 : 선비 유, 16획 — 부수: 亻

사람 인(人)과 구할 수(需)가 합하여 이루어진 모습으로, 덕을 지닌 사람이나 가르치는 사람을 의미하여 '선비'나 '유교'라는 뜻을 가진 글자가 되었다.

유생(儒生) : 선비 유(儒)와 날 생(生)으로, 유학을 공부하는 선비.
(예문) 성균관의 여러 유생은 대궐 앞에 꿇어앉아 상소를 올렸다.

〚　　키워드로 보는 사자성어 / 한자 어휘, #불사를 분(焚)　　〛

분향재배(焚香再拜) : 향을 피우고 두 번 절함.
(예문) 제사상을 차려놓고 분향재배를 올리다.

혜분난비(蕙焚蘭悲) : 혜초가 불에 타면 난초가 슬퍼한다는 뜻으로, 벗의 불행을 슬퍼함.
(예문) 혜분난비라고 지영이는 친구의 슬픔을 같이 마음 아파했다.

분향소(焚香所) : 향을 피울 수 있도록 마련된 곳.
(예문) 비행기 사고로 목숨을 잃은 사람의 유족들은 분향소에서 목 놓아 울었다.

〚　　분서갱유, 이럴 때 이렇게　　〛

1. 정권의 입장에서 불리한 사상을 억압하기 위해 대규모로 책을 불태우고 학자들을 처형한 사건은 분서갱유의 전형적인 예라 할 수 있다.

2. 사상과 표현의 자유를 억제하기 위해 지식인들의 의견을 무시하고 그들의 저작물을 파괴한 조치는 분서갱유와 같은 처사였다.

3. 분서갱유의 역사는 우리에게 지식과 학문의 가치를 지켜야 할 필요성을 일깨워준다.

4. 정부의 과도한 검열과 지식 억압은 마치 분서갱유를 연상시키며, 사회의 발전을 저해하는 결과를 초래할 위험이 있다.

5. 분서갱유는 과거 권위주의가 지식과 사상을 억압했던 사례로, 오늘날에도 정보와 학문의 자유를 보장하는 것이 얼마나 중요한지를 상기시켜주고 있다.

지도자는 하늘의 가치를 존중하고
백성을 위해 성실히 일해야 한다

敬天勤民

경천근민

　　경천근민(敬天勤民)은 하늘을 공경하고 백성을 부지런히 다스린다는 뜻으로, 지도자나 권력이 있는 사람이 하늘과 같은 고귀한 가치를 존중하고, 백성을 위해 최선을 다해 헌신해야 할 자세를 갖추어야 함을 표현할 때 사용하는 말입니다. 여기서 경천(敬天)은 하늘이나 신성한 존재에 대한 경외와 존중을 의미하며, 인간이 자연이나 도덕적 규범을 존중해야 한다는 가르침을 담고 있습니다. 근민(勤民)은 백성이나 민중을 위해 헌신하고 부지런히 돌봐야 한다는 의미를 지니고 있으며, 이는 지도자나 권력을 가진 자들이 자신의 지위를 단순한 권력 행사로 인식하는 것이 아니라, 하늘의 뜻을 받들어 백성을 위해 헌신적으로 행동해야 함을 강조하는 말입니다. 경천근민은 오늘날 사회 지도층이나 정치인들에게 사회적 책임을 인식하고 공동의 행복을 위해 노력하는 자세를 강조하는 윤리적 원칙을 제시하며, 지도자뿐만 아니라 모든 사람이 지향해야 할 가치와 행동 규범을 제시하고 있는 말입니다.

〚　　한자를 알면 뜻이 보인다　　〛

敬天勤民 : 하늘[天]을 공경[敬]하고 백성[民]을 부지런히[勤] 다스림
하늘의 가치를 공경하고 백성을 부지런히 다스리고 헌신해야 함.

한자 속 어휘의 발견

敬 : 공경할 경, 12획 — 부수: 攵

'공경하다'나 '정중하다'라는 뜻을 가진 글자이다. 입을 조심한다는 '苟'와 급하게 재촉한다는 '攵'이 합하여 '삼가다'는 의미가 생성되었으나, 후에 마음을 절제해서 삼간다는 의미로 인해 어른께 '공경하다'는 뜻이 파생되었다.

> 경어(敬語) : 공경할 경(敬)과 말씀 어(語)로, 상대를 공경하는 뜻의 말.
> [예문] 김 부장은 사무실 직원들에게 경어를 쓴다.

天 : 하늘 천, 4획 — 부수: 大

큰 대(大)와 한 일(一)이 합해진 모습이다. 갑골문자를 보면 大자 위로 동그란 모양이 그려져 있는데, 이는 사람의 머리 위에 하늘이 있다는 것을 표현한 것이다.

> 중천(中天) : 가운데 중(中)과 하늘 천(天)으로, 하늘의 한가운데.
> [예문] 해가 중천을 지났나 했더니 벌써 산그늘이 내렸다.

勤 : 부지런할 근, 13획 — 부수: 力

진흙 근(堇)과 힘 력(力)이 합하여 이루어진 모습으로, '부지런하다'나 '힘쓰다'라는 뜻을 가졌다.

> 상근(常勤) : 항상 상(常)과 부지런할 근(勤)으로, 날마다 일정한 시간에 출근하여 정해진 시간 동안 근무함.
> [예문] 회사의 상근 직원 수는 얼마나 됩니까?

民 : 백성 민, 5획 — 부수: 民

칼로 눈을 찌르는 모양으로, 고대 전쟁 포로를 노예로 만들기 위해 사용한 것에서 낮은 계급의 사람의 의미로 사용되었으며, '백성'이라는 뜻을 갖게 되었다.

> 민자(民資) : 백성 민(民)과 재물 자(資)로, 민간에서 출자한 자본.
> [예문] 시에서는 지역 개발을 위해 민자를 유치하기로 했다

〚　　키워드로 보는 사자성어, #부지런하다. 부지런할 근 (勤)　　〛

　　　　　재택근무(在宅勤務) : 출근하지 않고 집에서 회사의 통신 회선으로
　　　　　　　　연결된 정보 통신 기기를 설치해 놓고 근무함.
　[예문] 재택근무가 보편화되기 위해서는 각종 정보 통신 기기의 광범위한 보급이 필수적이다.

　　　　　근무태만(勤務怠慢) : 직장에서 해야 할 일을 열심히 하지 않고 게으름을 피움.
　　　[예문] 그는 잦은 결근과 근무 태만을 이유로 직장에서 쫓겨났다.

　　　　　각근면려(恪勤勉勵) : 정성을 다하여 부지런히 힘씀.
　[예문] 해창이가 9급으로 입사해서, 5급 사무관으로 승진한 것은 각근면려의 결과다.

〚　　경천근민, 이럴 때 이렇게　　〛

1. 그의 리더십은 경천근민의 표본으로, 항상 하늘을 존경하고 국민의 행복을 위해 성실히 일하였기에 많은 사람들에게 존경받았다.

2. 정치인은 경천근민의 정신으로 하늘을 두려워하며, 백성을 섬기는 마음으로 일해야 한다.

3. 그는 경천근민을 생활의 지침으로 삼아, 자신보다 남을 먼저 생각하며 공동체를 위해 헌신했다.

4. 경천근민의 가르침을 따라 지도자는 하늘의 뜻을 존중하고 백성의 안녕을 위해 헌신해야 한다.

5. 경천근민을 실천하는 삶은 높은 도덕적 기준을 지키고, 공동체의 행복을 위해 노력하는 자세에서 비롯된다.

지적 대화를 위한
이럴 때 이런 한자 2

초판 1쇄 펴낸날 2024년 10월 02일

지은이 김한수
펴낸이 이종근
펴낸곳 도서출판 하늘아래

주소 경기도 고양시 일산동구 하늘마을로 57- 9 3층 302호
전화 (031) 976-3531
팩스 (031) 976-3530
이메일 haneulbook@naver.com
등록번호 제300-2006-23호

ISBN 979-11-5997-103-7 (04700)
ISBN 979-11-5997-101-3 (세트)

＊잘못 만들어진 책은 바꾸어 드립니다.
＊이 책의 저작권은 도서출판 하늘아래에 있습니다.
＊하늘아래의 서면 등인 없는 무단 전재 및 복제를 금합니다.